JN220974

マーク・フォースター
青木高夫［訳］

# 仕事に追われない仕事術

## マニャーナの法則 完全版

DO IT TOMORROW

Discover

Do It Tomorrow
And Other Secrets of Time Management
by Mark Forster

First published in Great Britain in 2006 by Hodder & Stoughton
An Hachette UK company

Copyright©2006 by Mark Forster

Mark Forster has asserted his moral right to be identified
as the Author of this Work
First published in the English Language by Hodder & Stoughton Limited, London
Japanese edition©Discover21 inc.,2016
Japanese translation rights arranged with Hodder & Stoughton Limited, London
through Tuttle-Mori Agency, Inc., Tokyo

# 本書に登場する18のキーワード

## 1 クローズ・リスト

仕事は「ここまで！」と制限《クローズ》するラインが引かれたリスト。一度クローズしたら、基本的にリストに新しい仕事の追加はできない。［3章］

## 2 オープン・リスト

「ここまで！」という制限を示すラインのない仕事のリスト。いくらでも仕事の追加ができる。［3章］

## 3 チェック・リスト

ある仕事の作業工程や手順、やるべきチェック項目を並べたリスト。いくら項目が増えても、仕事そのものは増えることがない。クローズ・リストの典型。［8章］

**4**

**コミットメント**

「私はこの仕事に集中する」「この仕事を引き受ける」と自分自身と周囲に宣言すること。一人の時間と能力には限りがあり、コミットできる仕事にも限界がある。無条件に新しい仕事を引き受ける人は、この点で問題がある。【3章】

**5**

**本当の仕事**

計画を目指すところに前進させる根幹となる仕事。事業においては利益の源泉となる。綿密な計画と入念な思考を要するチャレンジングな仕事でもある。【6章】

**6**

**忙しいだけの仕事**

レベルの高い計画や思考が不要な〝作業的な〟仕事。「本当の仕事」に取り組まない言い訳にもなる。「本当の仕事」と「忙しいだけの仕事」の区別は、経験や立場によって異なる。【6章】

7

## バッファー・ゾーン

仕事とは心理的距離を取る必要があり、バッファー・ゾーンはその距離のことを指している。これがあると新しい仕事に反射的に反応せず、緊急度を判断し、どのように取り組むかなど、適切な判断をした上で取り組むことができる。［7章］

8

## マニャーナの法則

「新しい仕事は明日やる」を基本にする仕事術。1日に発生する仕事を集めて類別し、翌日にまとめて処理する。こうすることで1日のバッファー・ゾーンを設けて仕事をする結果となる。マニャーナはスペイン語で「明日」の意味。［9章］

9

## タスク

仕事の単位。手間のかかるタスクは、さらに小さなタスクに細分化して管理するとよい。［9章］

## 10 プロジェクト

「複数のタスクの集合体」のこと。タスクがさらに細分化できるなら、元のタスクはプロジェクトとなる。ある仕事をタスクとするか、プロジェクトとするかに一定の基準はないが、1回の取り組みで完了するものをタスクとするのが一般的。［9章］

## 11 タスク・ダイアリー

タスクを管理するための1日1ページ形式の日記帳。タスクは、ここに書きとめることで、仕事の単位としての実体を持つことになる。新しく発生したタスクは、翌日のページに書き込むのが基本。こうすることでタスク・ダイアリーはバッファー・ゾーンとして機能する。［9章］

## 12 デイリー・タスク

毎日必ず欠かさず（あるいは週に何度か）する仕事。頻出する仕事をその都度タスク・ダイアリーに記入する必要度は低い。毎日（もしくは定期的に）する仕事はデイリー・タスクとして、別にリストアップするとよい。［10章］

## 13
### ファースト・タスク

今、最も進めたい仕事を1つ選び「毎日の最初の仕事」として必ず手がけることにする。自身や組織の成長のための自主的な仕事を選ぶとよい。仕事の遅れ・やり残しに活用するのも有効。【11章】

## 14
### TO DOリスト

するつもりの仕事すべてが網羅されたリスト。オープン・リストの典型である。仕事をしながら新たな仕事が追加できるため、際限なく拡大する可能性がある。【12章】

## 15
### WILL DOリスト

すると決めた仕事のリスト。その日（もしくは翌日）にするとコミットした仕事だけが記載されるクローズ・リストとなる。1日に取り組む仕事に制限を設けることで、仕事量とコミットメントのバランスを取ることができる。【12章】

## 16

### ダッシュ法

短時間（5分から最長40分）ダッシュするように、休みなく集中して働く方法。ダッシュ時間の増減の方法や、複数の仕事への取り組み方によってバリエーションがある。仕事の先送りを防ぐ方法としても有効。［14章］

## 17

### 期限の効果

仕事の期限となる終了時間を明確にし、制限のある状況で働くことで、集中力を高め、仕事の効率を向上させる効果のこと。仕事の効率は、特に期限終了の直前に高まる。［14章］

## 18

### ラベリング

浮かんでくる考えや、思いに名前（ラベル）をつけ、それを口に出して意識すること。意識された考えや思いは、ラベルという実体を持つことになるのでコントロールしやすくなる。［17章］

# 訳者まえがき

私が本書に巡りあったのは、ホンダ（本田技研工業）の社員として英国に駐在していた時期でした。当時の私は〝今が人生で一番多忙だ〟と感じていたような気がします。会社の仕事もたっぷりありましたが、それに加えて、仕事について考えるために関連書籍を読みふけったり、論文にして投稿したり、講演をしたりと、仕事を拡げていた時期で〝仕事を抱えすぎ〟ていたのかもしれません。

「副業などせずに、本業に専念しろ」と揶揄する人もいましたが、本来、仕事を突きつめようとすれば、目先の仕事以外にも広く目を向けることが大切です。企業内での経験値だけを基にした議論をくり返すばかりでは、競争相手に勝てる戦略を作ることはできないでしょう。

そんな時期に、ロンドンの街角の書店で出会ったのが本書です。

本書は、私の問いにしっかりと答えてくれました。「どう答えてくれたか」については、本書をお読みいただければおわかりいただけると思いますが、私は著者のマーク・フォースター氏に、大きな恩を感じています。

そこで私は、日本で同じような課題にぶつかっているであろうビジネスパーソンに本書を紹介し、より豊かな人生の一助にしてもらいたいと考えました。

これが（さらに仕事を抱えることになると思いつつも）本書の翻訳を手がけた動機です。

初めての邦訳版『マニャーナの法則』は２００７年に刊行となり、期待以上の反響をいただきました。特にネット系のビジネスをされている方、独立してビジネスをされている方からの反響は大きく、人気ブログ「シゴタノ！」を主宰される佐々木正悟氏からは、「最高のタイム・マネジメントの書」との賛辞をいただきました。

その『マニャーナの法則』をより幅広く活用していただけるように増補・改訂をしたものがこの『仕事に追われない仕事術』です。原著者のタイム・マネジメントに関する考えを加筆し、いわばマーク・フォースター式仕事術の全容が理解できる「マニャーナの法則完全版」という形に仕立ててあります。

この本には「マニャーナの法則」「ダッシュ法」「ファースト・タスク」を始めとする取

り組んだその日からとてつもない効果を実感できるテクニックがいくつも出てきます。

それにも増して興味を惹くのが「〝忙しいだけの仕事〟を捨てて、チャレンジングな〝本当の仕事〟に集中せよ」という仕事の本質に触れた部分です。著者が言う〝本当の仕事〟こそがあなた自身とあなたのビジネスを成長に導くものであるからです。

この本は、私自身の仕事に大きな影響を与えてくれた、心から良書と思える一冊。読者の皆さんの一助になることを、原著者と共に祈る次第です。

青木高夫（訳者）

# はじめに

仕事術やタイム・マネジメントの本を読んで、そこに紹介されている手法をやってみたものの、思いどおりの効果が得られなかったという経験はありませんか？

- ＴＯ ＤＯリストにやることを書き出す
- 仕事に優先順位をつける
- スケジュール表を作る

どれも、仕事術やタイム・マネジメントの本でよく紹介されており、ビジネスパーソンのタイム・マネジメントには必須の方法とされています。実際、こうした手法に取り組んでいる方は多いでしょう。

しかし、試してみたものの「こんなこと、僕には無理だ」「私には合わない」などと、結局は続かなかった方も多いのではないでしょうか。こうなってしまうと、せっかくのチャレンジも自己嫌悪が残るだけの結果に終わってしまいます。

実は私も、かつて何度もそんな経験をしました。

私は、タイム・マネジメントが苦手で〝仕事術の達人〟にはほど遠い人間だったのです。そして私は「そもそも仕事術や時間管理が得意な人がやっている方法は（そうしたことが苦手な私には）役に立たない」と考えるようになりました。

そこで私は、まずは従来の手法の分析に取り組みました。そして、タイム・マネジメントや仕事術が苦手な人でも実行できるテクニックを開発し、提案してきました。

私の方法に取り組んでいただいた方からは、大きな反響がありました。しかし、社会全体として見れば、まだまだ効果も微々たるものというのが実情かもしれません。

最近、あるジャーナリストから、いくつかの質問を受けました。

「いつも時間に追われている。どうしたら、この状態から逃れられるのか？」
「早食いのクセが治らない。ゆっくり食事を楽しむには、どうすればいいのか？」
「複数の仕事を並行して進める日々が続いている。一事に集中する方法はないか？」

「家族と過ごす時間が少なく、罪の意識を感じる。どうしたらよいだろう？」
「エクササイズの時間が取れない。どうすれば時間が作れるだろう？」
「休みを取る時間がない。仕事のしすぎだろうか？」

なぜ、こうした悩みが尽きないのかといえば「結局は、時間が足りないことが原因だ」と彼は言います。

しかし、本当に「時間が足りない」のでしょうか？

答えを言ってしまえば、それは間違いです。

私たちは時間を媒介として存在しています。つまり「時間が足りない」と嘆くのは、魚が「水が足りない」と言うようなものなのです。

このジャーナリストからの質問で、私はあることに気づきました。彼の質問はどれも、しごく当たり前な日常生活のルールの裏返しになっているということです。

- 慌てないこと
- ゆっくり食事をすること

- 1つのことに集中すること
- 家族と過ごす時間を充分に取ること
- 日々、適度な運動をすること
- きちんと休みを取ること

なぜジャーナリストは、これほど当たり前とされることについて、切実な質問をしなければならなかったのでしょうか？

考えてみましょう。あなた自身のことを振り返ってみてください。

あなたが、去年、新たに取り組むと決意したことで、今も続けていることがありますか？

新しい取り組みに成功して、今も続けていることがあるなら、大したものです。たいていの人は「思いどおりにはいかなかった」となるのが実情だからです。

例えば「今日からは、ゆっくり食事を楽しむ」という決心は、簡単なことのように思えますが、実行には努力が必要です。だから、新しいルールに取り組んでいるうちに〝例外〟を作ってしまい、そのうち例外の方が普通になってしまいます。

つまり、人が「自分をコントロールする能力」というのは、相当に限定されたものなのです。それをここで証明してみましょう。

目の前に鏡を置いて、あなた自身に次の質問をしてみてください。

「私は、望みどおりの健康状態を保っているだろうか？」
「私は、望みどおりの体型を保っているだろうか？」
「私は、望みどおりの体重を維持しているだろうか？」
「私は、望みどおりの服装をしているだろうか？」

次に、あなたの周囲を見回してください。オフィスや自室の状態はどうでしょうか？

「部屋は、望みどおりに片づいているだろうか？」
「文房具などは、望みどおりの場所に置かれているだろうか？」

どれも、周囲の人からの影響が少なく、あなた自身が最もコントロールしやすい限定された部分についての質問です。もしも、この部分も望みどおりでないのなら、あなたの生活全体でさえ、コントロールできているとは言えない状況でしょう。

なぜこうなってしまうのでしょうか？

原因は、私たちの脳の仕組みにあります。ある有益な指針が与えられれば、人はそれに従って行動できるというのは幻想です。先ほどの質問からも、それはすぐにわかります。

さて、序文はここまでにして、最後に本書の構成をご紹介しておきましょう。本書は、大きく3部構成となっています。

第1部（1〜7章）では「タイム・マネジメントの基本的な考え方」を説明します。

第2部（8〜12章）では、本書の軸となる「マニャーナの法則」「ＷＩＬＬ ＤＯリスト」を中心に、役立つ新しいアイデアを紹介します。

第3部（13〜17章）は、「ダッシュ法」など、さらに発展させたアイデアを紹介してあなたの仕事とタイム・マネジメントのシステムを完成させます。

先ほどの自分自身への質問にすべて「ＹＥＳ」と答えられたなら、あなたは本書を読む必要はありません。しかし、１つでも「ＮＯ」があるなら、ぜひ本書をお読みください。

「今回もまたダメだろう」ですって？　そんなことはありません。多くの仕事術やタイム・マネジメントの本を読んでも、結局ダメだった私にもできたのですから。

今度こそ、あなたは仕事に追われる日々に永遠の別れを告げることができるはずです。

マーク・フォースター

仕事に追われない仕事術 マニャーナの法則 完全版――もくじ

# 第1部：タイム・マネジメントの基本的考え方

FUNDAMENTALS OF TIME MANAGEMENT

## CHAPTER 01

## CHAPTER 02

## 問題はシステムで解決する……46

CHAPTER 03

## 機能するシステム・7つの原則……54

CHAPTER 04



CHAPTER 05

CHAPTER 06

# 「忙しいだけの仕事」を捨てる……88

CHAPTER 07

# 緊急の仕事を見分けよう……103

# 第2部：マニャーナの法則

THE MAÑANA PRINCIPLE

CHAPTER 08

## 最強のマネジメント・ツール「クローズ・リスト」……134

CHAPTER 09

## 究極の仕事術「マニャーナの法則」

CHAPTER 10



CHAPTER 11

## CHAPTER 12

# WILL DOリスト vs TO DOリスト

# 第3部：さらに優れたシステムへ

ADVANCED SYSTEMS

CHAPTER 13

CHAPTER 14

CHAPTER 15

## ダッシュ法をカスタマイズする……236



CHAPTER 16

## プロジェクトをやり遂げる……245

## CHAPTER 17

## 仕事術を超えて達人の境地へ……259

# 第 1 部

# タイム・マネジメントの基本的考え方

FUNDAMENTALS OF TIME MANAGEMENT

CHAPTER

01

# 〝理性の脳〟と〝衝動の脳〟

具体的な方法についてお話しする前に、この章では、人間の脳について説明します。

「なぜ脳の話？」と思ったあなた。それももっともです。

しかし、あなたが仕事に追われるのはあなたの脳に原因があります。ですから、まずは脳の仕組みを知ることがベストな順番なのです。

## 人には2つの脳がある!?

科学的に厳密な表現ではありませんが、人間には〝理性の脳〟と〝衝動の脳〟という2

つの脳があります。

仮に、人の体を1つの国と考えるなら**〝理性の脳〟とは政府です。体全体を動かす計画や規則を作っています。**人生設計、生活改善、適度な運動、健康的な食事……こうした計画を立て、実行を指示するのが〝理性の脳〟の働きです。

この〝理性の脳〟と対立するのが〝衝動の脳〟です。〝衝動の脳〟とは、晴れた日に石の上でひなたぼっこをするトカゲと同じで、ヘビの気配を感じれば、一目散に石の下に隠れるし、おいしそうな虫を見つければ、飛びついて捕食します。

**〝衝動の脳〟は考える脳ではありません。本能に従って、直感的・反射的に反応するのみです。**仮に〝理性の脳〟が作った計画があったとしても〝衝動の脳〟は、そんなものは考慮しません。〝衝動の脳〟にとって問題なのは「危険かどうか?」ただそれだけです。

ただし、〝衝動の脳〟の機能も、人間の生存には欠かせないものです。例えば、クルマの前に飛び出した子どもを避けるのに〝理性の脳〟では間に合いません。こうした緊急時には、反射的ですばやい行動が必要だからです。

しかし、何かを決断したり、計画を立てる場面となると〝理性の脳〟の独壇場です。もし、すべてを〝衝動の脳〟に任せたら、目先の出来事に振り回されるだけで1日が終わります。問題解決や目標について、考えることはできないでしょう。

## 〝理性の脳〟より優位に立つ〝衝動の脳〟

〝理性の脳〟と〝衝動の脳〟、この2つの脳の間に葛藤が起きたら、どちらが勝つでしょうか。

勝つのは〝衝動の脳〟です。

あなたが「毎日、運動をする」という計画を作ったとします。これは〝理性の脳〟の計画です。現実には、寒い日もあれば、雨の日もありますから、そんな日に〝衝動の脳〟が「嫌だな」「今日だけはやめておこう」となると〝理性の脳〟に活躍の場はありません。

あるいは、ダイエットをすることを考えてみましょう。

体重を減らすために、何を食べるべきかは〝理性の脳〟が計画します。しかし、目の前にチョコレートが登場すると、〝衝動の脳〟が〝理性の脳〟の計画をうち壊すのです。昆虫に飛びつくトカゲと変わりありません。

〝衝動の脳〟がそれほど強力なのに、〝理性の脳〟が計画したダイエットを成功させる人がいるのは不思議だと思いませんか？

**〝衝動の脳〟の方が〝理性の脳〟より強いと言っても百戦百勝ではない**のです。〝理性の脳〟には〝衝動の脳〟をコントロールする力があるからです。つまり、計画の達成やダイエットの成功は、〝理性の脳〟の活躍にかかっているのです。

## 自分自身をダマして抵抗を取り除く

「計画を達成するのは意志の力である」

美しい言葉ですが、現実にはほど遠い言葉でもあります。

意志の力はそれほど強くありません。現実の〝成功の鍵〟は、実際の行動を支えるシステムがあるかないかにかかっています。

計画を実現する、すなわち〝理性の脳〟を活躍させるには、まずは**自分自身を上手にダマして〝衝動の脳〟の反射的な抵抗感を抑える**必要があります。

新しい仕事に取りかかろうとする時、抵抗を感じ、先送りしようと思ってしまうのは

〝衝動の脳〟が新しい仕事を脅威と感じるからです。

〝理性の脳〟が〝衝動の脳〟に、その仕事の必要性を説明したとしても〝衝動の脳〟が仕事を嫌がる限り、ブレーキは踏まれたままです。

一番簡単な方法は「この仕事は怖くない！」と自分自身をダマすことです。あまり賢いとは言えない〝衝動の脳〟は、この〝理性の脳〟のたくらみには気づきません。


もう少しかみくだいて説明しましょう。

レポートを書かなければならないのに「どうしてもその気になれない」という場合を想像してみてください。

そんな時は、まず「今すぐ、レポートを書くわけじゃない」と考えてみましょう。抵抗を感じている「レポートを書くこと」を〝衝動の脳〟の目の前から隠すのです。

そして、レポートを書くための第1ステップ、例えば「書棚からファイルを出すことだけやろう」と考えてみてください。

これなら〝衝動の脳〟が抱える抵抗感は消えるはずです。ファイルを出すだけなら〝衝動の脳〟が脅威を感じることではないからです。しかも、机の上にファイルを準備してしまえば「レポートを書くこと」への抵抗が少なくなります。むしろ気になって「ちょっとだけ書いておきたいな」などと思うかもしれません。

つまり、大切なのは2つの脳を対立させないことです。〝衝動の脳〟の反射的な反応を抑えれば、計画は実現しやすくなるのです。

## 目標達成の鍵は〝衝動の脳〟のコントロールにある

ここでもう一度、〝衝動の脳〟と〝理性の脳〟の働きをまとめておきましょう。

**衝動の脳：「刺激」→「反応」**（衝動の連鎖）
**理性の脳：「思考」→「決断」→「行動」**（理性の連鎖）

目標達成に向けた行動計画を作成し、それを理想的な形で実行するという〝理性の脳〟主導の〝理性の連鎖〟が自然にできるなら理想的です。

しかし、実際のところは〝衝動の脳〟をコントロールできる人はなかなかいません。そこで〝理性の脳〟を優位に動かすためのコントロール・システムが必要になってくるのです。

このシステムが作れなければ、〝衝動の脳〟が常に優位に立ったままです。〝理性の脳〟でどんな立派な計画を立てたとしても、想定外の出来事が起きれば〝衝動の脳〟が動き出して、たちまち計画は破壊されてしまうことになります。

突然の1本の電話、上司や家族からの頼まれごと……、こんなほんの些細なことでも〝理性の脳〟にとっては脅威です。

予定外の出来事が起きれば、すぐに事態が緊迫し、計画は崩壊します。その結果、「計画など立ててもしょうがない」と考える人が増えてしまうのです。

〝衝動の脳〟をコントロールするシステムとはどのようなものなのか、これは次の章でお話ししましょう。

EXERCISE

## 〝衝動の脳〟と〝理性の脳〟を見極める

次に挙げる状況は〝衝動の脳〟と〝理性の脳〟のどちらが優位な状況でしょうか。考えてみましょう。

**Q1**

クライアントとの打ち合わせを終えてオフィスに戻った。パソコンを開くと、外出中にメールがたくさん届いていたので、メールを読み始めた。すぐに答えられるメールには返信して、その他は後で考えることにした。

**A1**

典型的な〝衝動の脳〟優位な仕事の仕方です。

まず、着信メールが目に入った途端、読み始めるという反応をしています。未返信のメールについても「いつ、どうするか」を決めずに、ただ先送りにしました。これでは、気がかりな手つかずの仕事がたまるばかりでしょう。

**Q2**

クライアントから電話があって、ある情報を求められた。すぐに調べて連絡すると約束して電話を切り、調査に取りかかった。

**A2**

〝衝動の脳〟優位な仕事の仕方です。

まず、クライアントからの依頼に反応して、進行中の仕事を無条件に中断しています。クライアントからの依頼がどれほど緊急なのかも検討されていません。

Q3
あなたは靴屋の店員をしている。来店したお客さまが「何足か試してみたい」とのことなので、すぐにこのお客さまについてサービスすることにした。

A3
〝理性の脳〟優位な仕事の仕方です。
小売店のシステムは、来店客の要望に即座に応じるように設計されているはずです。ですから、これは計画や方針に沿った行動です。〝衝動の脳〟に左右されたわけではありません。

Q4
友達からメールが届いた。読んでみると「メチャクチャ面白いウェブサイトを見つけた」とのこと。早速、リンクをクリックしてそのウェブサイトをチェックした。

A4
〝衝動の脳〟に動かされています。
まず第一に、メールが届くたびにすぐに開いて読む必要があるでしょうか。読むにしても、すぐにおすすめの「面白いサイト」を見る必要があるでしょうか。仕事に飽きていたので、目先の刺激に飛びついただけでしょう。

**Q5** アシスタントが手紙を持ってきて差出人のサインを書いてほしいと言う。すぐ投函できるように、その場でサインをした。

**A5** 〝理性の脳〟優位な仕事の仕方です。これも組織の計画や方針に沿った行動です。

**Q6** 突然、上司がやってきて、書類の束をドスンと机の上に置き「今日中に仕上げるように」と指示された。すでに、今日中にやり切れない仕事を抱えている。パニック状態だ。

**A6** あなたも上司も〝衝動の脳〟に振り回されています。おそらく、上司も仕事がたまってパニック状態なのでしょう。あなたも急な仕事に冷静に対応できず、パニック状態です。

**Q7** あなたは消防士だ。緊急通報で、チーム全員が出動した。

**A7** 〝理性の脳〟優位な仕事の仕方です。消防署こそ、緊急事態への対応がシステムとして計画され、機能的に対応される場所です。

**Q8**

休暇が終わって、パソコンをチェック。休暇中に８００通のメールが着信していた。８時間かけてメールを整理した。

**A8**

〝理性の脳〟優位な仕事の仕方です。

Q１の場合とは対照的な反応と言えます。その場しのぎの対応をしたのではなく、メールをその日のうちに残さず処理することに決めて、計画的な行動をしています。

## CHAPTER 01 まとめ

- 人間には2つの対立する脳、〝理性の脳〟と〝衝動の脳〟が備わっている。
- 計画の達成は〝理性の脳〟の活躍にかかっている。〝理性の脳〟が〝衝動の脳〟の持つ反射的な抵抗感を抑えることができれば理想的だ。
- 基本的には〝理性の脳〟よりも〝衝動の脳〟が優位に立っているため〝理性の脳〟を優位に動かすためのコントロール・システムが必要である。

CHAPTER

# 02

# 問題はシステムで解決する

## 「あなたが集中すること」があなたを作る

「集中の対象が、あなたの生きる環境になる」という法則があります。

もしも、あなたが何に集中することもなく、ルーズな毎日を送っているだけなら、人生にもそれが反映されて、あなたは何者にもなれないでしょう。

テレビを見ることに毎日集中していれば、テレビ番組に詳しくなり、それ以外の知識は得られません。

フィットネスに集中すれば、スリムな体型を保てるでしょう。

仕事に集中すれば、仕事の質が高まり、優秀なビジネスパーソンになれるはずです。結婚に集中すれば、幸せな結婚ができる可能性が高くなるかもしれません。

「集中すれば、失敗しない（嫌な目に遭わない、邪魔が入らない）」とは言えません。むしろ、失敗が増えるかもしれません。しかし、それはリスクを負って、新しいことにチャレンジした結果です。それに、失敗したとしても、適切な集中力が発揮できていれば、対処を誤ることはありません。

**人間の脳は、情報の選択が得意。適切な対象に集中できれば、とてつもない能力を発揮できるのです。**ですから、どうでもよいことや、目先の仕事にだけ集中している人を見ると、私はとても残念に思うのです。

ただし、「集中する」のは心構えだけで何とかなるものでもありません。集中できるようになる条件がいくつかあるのです。

## 問題は「集中できないこと」ではない!?

「集中」についての問題とは「集中できないこと」ではありません。

例えば、自宅でくつろいでいる時にもあなたは集中力を発揮しています。テレビ、庭の観葉植物、クルマ、仕事のこと、家族との会話……、と集中の対象が次々に移り変わっているだけなのです。

しかし、このように「気になった時だけ集中して、後は知らない」という状態では、そこで得られる結果もその場だけのものです。

つまり、**問題はあれこれ集中の対象が変わってしまうこと**です。邪魔が入れば、すぐに途切れる集中力ではダメで、脳の力をフル活用するには〝集中力の継続〟が必須です。

仕事がうまくいかない理由の大半は「充分な集中力が継続しないこと」にあります。成功の理由は、その反対、つまり「充分な集中力を継続したこと」です。

庭の手入れでも、会社の仕事でも同じです、やり遂げたい仕事に対し、充分な集中力を継続して発揮できるかどうかが鍵なのです。

# 問題を先送りする〝抵抗感〟の正体

もう1つの問題は〝抵抗感〟つまり「この仕事はしたくない」という気持ちです。抵抗感が起きると、その結果は「後でやればいいさ」という先送りにつながります。しかし、「忙しいから」とつぶやきつつ仕事を先送りするのは、本来やるべき仕事から逃れるために、別な仕事で時間を埋めているに過ぎません。

**抵抗感が発生するのは「ある行動がその他の行動より難しい」と感じた時**です。ですから、どうでもよい仕事をしていれば抵抗感は起こりません。

実際、重要な課題に取り組むより、どうでもよい簡単な仕事を続ける方がずっと簡単です。こうして、日常はどうでもよい細かい仕事で埋め尽くされることになってしまいます。

## ■仕事を先送りすると、もっとつらくなる

「逃げれば逃げるほど抵抗感は大きくなる」という法則があります。つまり、仕事を先送

## 抵抗感の兆候

- 「問題の先送り」をする
- 「どうでもよい仕事」「簡単な仕事」に時間を費やす
- 「集中を散漫」にする
- 集中を散漫にする「妨害」を受け入れる
- 「焦点の定まらない心配」をする
- 頻繁に「緊急事態」が発生する
- 頻繁に「危機的状況」に陥る
- 人に仕事を依頼しない

## 抵抗感の法則

- 逃避すると抵抗感は大きくなる
- 行動を開始すると抵抗感は少なくなる
- “抵抗感の上限”では、仕事に手がつけられなくなる
- “抵抗感の上限”を超えた場合、「しない苦痛」が「する苦痛」を超えるまで、仕事に手をつけられなくなる

## 抵抗感を克服する方法

- 抵抗感が大きくなる前に「行動」する
- 大きなタスクを「小さなタスクに分解」する
- 「しない苦痛」を増大させる
- 優れたシステムを作って生活と仕事に枠組みを作り、抵抗感を自分のために機能させる

りすればするほど、さらに取りかかりにくくなるのです。

仕事を先送りすることで抵抗感が弱まるのならよいのですが、実際はその逆。暗雲のような悩みが、どんどん立ち込める一方になるのです。

しかし、幸運なことに、この抵抗感は使い方次第でどうにでもなります。

「逆もまた真なり」で、抵抗感を克服して**一度、重要な仕事に取りかかってしまえば、今度は仕事を中断することへの抵抗感が生まれ仕事を続けるのが楽になるはずです。**

ここまでをまとめると、仕事のシステムには、抵抗感を克服する方法が入っている必要があるということになります。

## 常に機能する優れたシステムとは?

仕事のシステムは、どんな仕事にも対処できるものでなければなりません。

郵便物には対処できても、1日中届き続けるメールに対して役に立たないシステムであれば、そのシステムは作ってもムダです。転勤になればもう使えないというのもダメでしょう。

**いつ、どこで、どんな場合にも対応できるシステムにこそ効果がある**のです。そうでないシステムなら、仕事や場所が変わるたびに作り直さなくてはならなくなります。

仕事の効率を上げるには、優れたシステムが必須であり、優れたシステムが構築できるのであれば、時間と費用をかけても絶大なリターンがあります。

しかし現実には、多くの人が形だけ立派な役に立たないシステムを使っています。システムそのものがなかったり、そもそも目先の仕事で精一杯で、システム構築に目を向けることすらできない人さえいるのです。

優れたシステムが構築できたら、次は、そのシステムが無意識でも作動するようにすることが肝心です。仕事を前にして「さて、どうするんだったっけ？」と考えてしまうようでは、結局、その仕事が先送りされるか、忘れられるのが関の山だからです。

優れたシステムの持つ特徴とは、**一度身についてしまうと「しない」ことにものすごい抵抗感を覚える**こと。こうしたシステムと習慣が、あなたの成長を支えてくれるのです。

## CHAPTER 02 まとめ

- 誰でも集中することはできる。問題は「集中の対象が移り変わること」にある。
- 適切な対象に集中できれば、とてつもない能力を発揮できる。
- 抵抗感から仕事を先送りすると、抵抗感はさらに大きくなる。
- 一度仕事に取りかかってしまえば、今度は仕事を中断することへの抵抗感が生まれる。
- 仕事のシステムに必要な要件は「集中力を継続して発揮できる」「抵抗感を克服する方法が入っている」「どんな場合にも対応できる」の3つである。

CHAPTER

03

# 機能するシステム・7つの原則

2章では、システムに必要な条件について、集中力と抵抗感という観点からお話ししました。この章では、さらに具体的にシステムを作るに当たっての原則について述べていきたいと思います。

結論からお伝えすると、仕事のシステムとは次の「7つの原則」を備えていなければなりません。

**原則1 「明確なビジョン」が存在する**

**原則2 「一事に集中」する**

**原則3 「少しずつ頻繁に」行う**

**原則4 「リミット」を設ける**
**原則5 「クローズ・リスト」を使う**
**原則6 突発の仕事を減らす**
**原則7 コミットメントと興味を区別する**

この原則で、仕事に対する充実度と成果、満足感は劇的に変わります。どんな原則か、順にご説明していきましょう。

## 原則1 「明確なビジョン」が存在する

ビジョンの大切さについては、今さら言うまでもありません。個人でも、企業でも、ビジョンを持つことの大切さは語り尽くされています。あなたも「ビジョンなら持っている」「ビジョン作りなら得意だ」とお思いかもしれません。

しかし、「ビジョンがある」と言っても、明確なものではなく、ビジョンが機能していないケースがあるので要注意です。

**ビジョンが機能している状態とは、①「ありたい姿が明確」かつ②「ありたい姿の実現に向けて力を集中できている」という状態**です。

例えば、「専門分野で市場のリーダーになる」というビジョンは明確だと思いますか？　市場の独占が本音なら、明確に「市場を支配する」をビジョンとすべきでしょう。

このように、対象を明確にするどころか、逆に煙にまいてしまうようなビジョンが世の中に氾濫しています。達成したい目標を明確にしたくないのなら、目標など持たない方がましというものです。

**ビジョンを明確にするための鍵は「何をしないか？」**にかかっていると言っても過言ではありません。ビジョンとは「何をするか」を規定するものですが、同時にそれは「何をしないか」を規定します。レストランでオーダーする時に、注文を決めることで「食べないもの」が決まってしまうように、1つの行動を選択すれば、選ばれなかったものを拒否することになります。

## EXERCISE

# 「しないことリスト」を作る

ここでは「何をしないか?」をはっきりさせてみます。
次の例を参考にして(「TO DOリスト」ではなく)「NOT TO DOリスト」を作ってみてください。

**《NOT TO DOの例》**

- 午後11時から午前11時までは電話に出ない
- ランチタイムには仕事をしない
- 午後6時以降は仕事をしない
- 進行中のプロジェクト以外の仕事には手を出さない
- メールの処理に30分以上かけない
- 計画した仕事が完了するまで他のことをしない

## 原則2「一事に集中」する

2つ目の原則は、原則1から導き出されるものです。

手がける仕事の数にリミットを設けることで、力の分散を避けることができます。これは当たり前のことです。

例えば、レストランで「これを食べる」と決めたら、それ以外の料理を食べることはできません。

ところが、レストランでは1つのメニューに決められるのに、「人生のメニュー」となると1つに絞るのが難しくなるのはよくあることです。

**成功への王道は「一事に集中し、できたら次に進む」という方法**です。

仕事の成果を出すために「もっとやるべきことをやらなくては」と考えてはいませんか？　多くの場合、あなたがしなければいけないのはその反対です。つまり、成果が出ない原因は「仕事を抱えすぎる」ことにあるのです。

もちろん「一事に集中しろ」と言われても、現実はそう簡単にはいきません。まずはここで「一事に集中する」ことの効用を実際に経験してみてください。

EXERCISE

## 1つのことに完全に集中する

あなたが「いつかやろう」と思っている事柄をリストアップしてください。仕事でもプライベートなことでもかまいません。

「いつまでに」という期日のあるものは避けてください。「意識してやろうと思わないと、いつまでもそのままになっている」という事柄を探してみましょう。

リストができたら、そこから「今からやってみよう」と思うものを1つ選んでください。最初ですから、できるだけ簡単なものを選ぶのがよいでしょう。

決まったら、次の2つの決断をしてください。

1　完了するまで、その課題に集中する

2　完了するまで、他のことには手を出さない

これで、少なくとも1つ「いつかやろう」と思っていたことが完了します。こ

れをくり返せば「いつかやろう」と先延ばしにしていたことが、どんどん実現するはずです。

## 原則3「少しずつ頻繁に」行う

これも必ずよい結果を生む原則です。「毎日、コツコツと」と言い換えてもよいでしょう。学校やスポーツの世界でよく言われる原則ですが、それは、ここには2つのメリットがあるからです。

**メリット1　やってみれば、その経験を通して、学んだことを消化できる**
**メリット2　新たな学びから、新しいアイデアが生まれる**

この原則は、もちろん仕事にも通じます。
「レポートを書く」とか「業務プロジェクト」といった〝完成させること〟が目的の仕事

は、一度にまとめてやるより〝少しずつ頻繁に〟進める方が明らかに有利です。

## 原則4 「リミット」を設ける

創造力の発揮には〝制限すること〟が有効です。何かを創造しようと思ったら「何でもあり」ではなく、制約を設けることで、焦点を明確にする方が有利なのです。

シェイクスピアや芭蕉の傑作が、詩や俳句という言葉を制限する形式のもとに生まれていることを考えてみてください。

創造力を引き出そうとして「型にはめずに考えろ」と言う人は多いのですが、**「何でもあり、制限なし」という環境で創造力を発揮するのはまずムリ**です。

「仕事に集中できない」と悩んでいる人は、自分ができる以上の仕事を引き受けていたりするもの。「進路が決まらない」と悩んでいる人も、制限について考えてみるとよいでしょう。

制限することで、未来の選択肢は減りますが、その方が、目標の曖昧な人生を送るよりも、はるかに豊かな暮らしができるはずです。

## 原則5「クローズ・リスト」を使う

「クローズ・リスト」とは、聞いたことのない言葉かもしれません。簡単に言うと「ここまで！」というラインが引かれた仕事のリストです。ラインの下には何も追加できません。反対は「オープン・リスト」です。この典型的な例が「ＴＯ ＤＯリスト」。やるべきことが増えれば、次々に仕事は追加されます。

ここで注目していただきたいのはオープン・リストよりクローズ・リストの方が仕事がしやすいということです。その理由は３つあります。

**理由１　クローズ・リストの仕事は、追加される仕事によって妨げられない**
**理由２　クローズ・リストは大きくならない。仕事を続ければ、必ず小さくなる**
**理由３　「必要な仕事はすべてやる」という前提なら、優先順位は不要**

クローズ・リストの典型は「チェック・リスト」です。

１つの仕事を分解して進めるのがチェック・リスト方式です。クルマの点検時に整備士が使う点検項目表がそのよい例です。チェック・リストは、どれだけ細かいリストにしたとしても、結局は仕事が早く片づきます。

## 原則6 突発の仕事を減らす

「今日やろう」と決めた仕事がその日に終わらないのはなぜでしょうか？ 一番の原因は「邪魔が入ること」つまり、突発の仕事が予定に入り込むからです。

突発の仕事をゼロにすることはできませんが、その影響を最小限に抑えることは可能です。

突発の仕事の発生源は、クライアント、上司、部下、同僚（そして、あなた自身）と無限にあります。そして、突発事象には、誰もが当たり前のように即座に対応します。これは〝衝動の脳〟が突発事象に反応するようになっているからです。

〝理性の脳〟を上手に使って、〝衝動の脳〟が突発の仕事に反応するのをコントロールし、計画への干渉を抑えることが、この原則を守る鍵になります。

EXERCISE

## 「突発の仕事」を見極める

次のうち、突発の仕事はどれでしょうか？（理解度を試す意味で、先ほどと同じ問題が入っています）

**Q1** あなたは消防士。火災発生の連絡が入れば、いつでもすぐ出動する。

**A1** 突発の仕事ではありません。
火災はいつ起こるかわからないものですが、その非常事態に対応するのが消防署員の仕事です。これを突発の仕事と思うようなら、あなたは消防士とは言えません。

**Q2** 上司があなたを呼び、新しいプロジェクトに取りかかるよう指示をした。これから数週間、とても忙しくなりそうだ。

**A2** 上司に呼ばれたのは突発事象です。しかし、与えられた仕事にどう対応するかは別の問題です。突発事象に反射的に反応しなければよいのです。

プロジェクトは数週間から数ヶ月かかるのが普通ですから、やみくもにとっつきやすい仕事から取り組むのではなく、まずは実行計画を作りましょう。

**Q3** 友達からメールが届いた。面白いサイトを見つけたとのこと。早速、リンクをクリックし、そのサイトをチェックした。

**A3** これが典型的な突発の仕事です。すぐに対応する必要はありません。

**Q4** クライアントから電話があった。緊急の依頼なので、すぐに対応しなければならない。

**A4** なぜ、どのように緊急なのかを明らかにしてください。クライアントの要望を無条件で100%受け入れることが、よい仕事であるとは限りません。クライアントへのすばやい対応が本当に必要なら、そのたびに対応するのではなく、適切なシステムを作ることです。

**Q5** 上司から突然、仕事を依頼された。今日中に終わらせなければならない。

**A5** 典型的な突発の仕事です。あなたの予定は完全に狂ってしまいます。もしも、こんなことが頻繁に起こるようなら、上司に抗議する必要があるでしょう。

**Q6** ここ数日、ある仕事にかかりきりだ。終わりが見えないので、その仕事は今日からアシスタントに任せることにした。

**A6** 突発的な仕事です。

計画を立てずに仕事を進め、さらに、今になって部下に押しつけるという罪を重ねています。これこそが上司が犯す仕事上の〝犯罪行為〟です。

**Q7** オフィスのコーヒーが切れてしまった。来客があるので、急いで買いに行かなければならない。気が利かない社員ばかりだ。

**A7** 突発の仕事です。同情しますが社員個々人の気配りの問題ではありません。システムができていないことが、突発の仕事に翻弄される結果を生んでいるのです。

## 原則7 コミットメントと興味を区別する

次の2つの文章を比較してください。違いは何でしょうか？

A　私は文章を書くのが好きだ

B　私は地方紙にコラムを書くのを職業にしている

Aは「興味の範囲」のことです。それで生計を立てているわけではありません。Bは、**「コミットメント（「引き受ける」という宣言）」**です。つまり、それに人生をつぎ込んでいるのです。

コミットしている（引き受けると宣言している）なら、Aのような表現は不自然です。次のような言い方には違和感があることからもそれがわかるでしょう。

「ベートーベンは音楽が好きだった」

「芭蕉は俳句に興味を持っていた」

「デビッド・ベッカムはサッカーマニアだ」

私のコーチングを受けにくる人の中には、自分は好奇心が旺盛で、好きなことがたくさんあるのだと言って、話ばかりしている人がいます。

興味の対象が広いこと自体には問題はありません。しかし、その好きなことに何らかの共通性がない場合、本人はあちらこちらを飛び回って、どれも中途半端な状態になっているものです。

好きなことが趣味にとどまるなら、数が多くてもかまいませんが、仕事なら話は別です。好きなことはたくさんあるけれど、何ひとつ本気で取り組む対象がないようなケースでは、コーチングの最初のステップは、クライアントが「これをやる」と周囲に宣言するもの、つまり**「コミットする対象を見つけること」**になります。

当然、コミットできる対象は数が限られます。つまり、ここでも制限が重要なのです。何かにコミットするならば、それ以外の対象はコミットしないものとして、排除しなければなりません。

いろいろなことに興味を持つことが悪いと言っているのではありません。むしろ私は、興味の対象が狭い人とはあまり友達になりたくありません。しかし、「興味」と「コミットメント」は区別しなければならないのです。

**「これならコミットできる」と言えるかどうかは、大切な判断基準**です。日常で意思決定を迫られることはたくさんありますが、コミットメントを基準に判断をすれば、場当たり的な決断はずいぶん減るはずです。

EXERCISE

## 興味のあることからコミットするものを選ぶ

まず、あなたが興味を持っていることをリストアップしてください。

「やってみようかな」と思っていても、実際にはまだ手がけていないことを思いつく限り並べてみるとよいでしょう。

例を挙げておきましょう。

- 体重を減らす
- ヨガをする
- 起業する

●ボランティア活動をする
●外国語を学ぶ
●学位や資格を取得する
●転職する

頭に浮かんだことはすべて書いてください。リストアップする段階では、コミットメントを気にする必要はありません。

リストができたら「コミットするのは無理だ」と思われるものを1つずつ消してください。最後に1つ残るまで、消していきます。最後の1つが決まったら、その項目に関し、次の質問をしてください。

●これにコミットするには、何を始めるべきだろうか？
●これにコミットするには、何をやめるべきだろうか？
●これにコミットするために、私はどれだけの犠牲を払う覚悟があるだろうか？

答えを出してから、次の章に進みましょう。

## CHAPTER 03 まとめ

● 〝衝動の脳〟をコントロールできるシステムの原則は、次の7つ。
原則1 「明確なビジョン」が存在する
原則2 「一事に集中」する
原則3 「少しずつ頻繁に」行う
原則4 「リミット」を設ける
原則5 「クローズ・リスト」を使う
原則6 突発の仕事を減らす
原則7 コミットメントと興味を区別する

● 「1つのことに集中し、それが完了してから次に進む」これが成功の王道。

CHAPTER

# 04

# 「効率」＝「創造力」×「整理」

この章では、以下の3点を整理してみましょう。

**目的1　「創造力」を豊かにする**
**目的2　「整理」を行き届かせる**
**目的3　「効率」よく仕事をする**

「創造力と効率は関係ないんじゃないか？」ですって。
いいえ、そんなことはありません。右に挙げた3つの要素「創造力」「整理」「効率」はお互いに強く影響し合っています。

まずは「効率」とは何かを中心に考えてみることにしましょう。

## 「創造力」と「整理」のレベルを上げると「効率」がよくなる

例えば、以下のような違ったタイプの3人を想像してみましょう。

Aさんは、群を抜いて創造力があります。しかし、オフィスはいつも散らかっていて、仕事の効率はよいとは言えません。その結果、すばらしいアイデアがあるにもかかわらず、実現には至っていません。

Bさんは、整理整頓は完璧ですが、創造力がなく新たに何かを生み出すことはありません。単にムダがないだけの人生を送っていると言ってもいいでしょう。

Bさんは、いつも「整理整頓」ばかり声高に主張するので、周囲からひんしゅくを買っています。整理にこだわるだけでは、効率よく働くことはできないのです。

最後にCさんは、創造力にも乏しく、整理もできていません。当然、効率のよさは望むべくもありません。

この3人の例を見ると**「効率」とは、それ単体で存在するのではなく、仕事を「整理」し、かつ「創造力」を充分に発揮することで決まる**ものです。効率、創造力、整理、この3つの要素の関係を計算式で表すと、次のようになります。

**「効率」のよさ ＝ 「創造力」のレベル × 「整理」のレベル**

効率がよいとは「目標に向かって最短のコースを進む」ことです。よく、忙しいことを自慢する人がいますが、その人は寄り道のような仕事ばかりしていないでしょうか？　忙しいのがよいとは限りません。忙しくしていても、効率が悪ければ、大したことは達成できないからです。

整理の苦手な人は「苦手だから仕方ない」と思いがちです。自分の性格の問題とあきらめているのですが、これは大きな誤解です。

**整理ができないのは性格ではなく、仕事の組み立て（システム）に問題があるのです。**仕事のシステムを矯正すれば、問題は解決できるはずです。

時と場合によって、行動パターンがまったく変わる人もいます。例えば、自分の家は散らかり放題でも、オフィスは整理整頓が行き届いている人。反対に、オフィスは汚くても、自宅はきちんとしている人もいます。

前の会社では仕事に集中できたのに、転職した新しい会社では気が散ってばかりということも珍しくありません。こうしたことからも、整理のよしあしは性格の問題ではなく、システムの問題だということがわかります。

## 仕事がうまく進まないならシステムを変えよう

仕事がうまく進まない時は、仕事のシステムに目を向けることが大切です。

あなたにはメールを処理するシステムがありますか？

「メールが届いたらすぐに読む。相手が急いでいる場合だけすぐに返信をして、そうでないメールについては後で対処する」……もし、あなたがこうした方針でメールに対応しているなら、それがあなたのシステムであるということになります。

もちろん、そんなシステムでは、効率のよいメール処理はできません。未処理のメールがたまるばかりの貧弱なシステムでしかないからです。

あなたがもしそんな状態なら、すぐにシステムを変えるべきです。**適切な処理システムができれば、より効率よく仕事ができるようになる**はずです。

本書には、システムに関するアイデアがたくさん書かれていますが、実は、どれがベストと断言できるものはありません。システムによって結果はさまざま。本書を参考にしながら、あなたならではのシステムを開発していくことがおすすめです。

本書で紹介する方法を習得するのに大した時間はかかりません。そして、たった半日でも試してみれば、必ず効果が出るはずです。

ですから、本書を熟読すれば、24時間以内に仕事の整理は完璧になるでしょう。仕事は順調に進むようになり「やり残し」の仕事ができてしまっても、すぐに対処が可能です。

しかし、「それは助かる。仕事の遅れを取り戻してから、システム作りに取り組もう」これでは、いつまでたっても変わりません。まず第一に適切なシステムを作りあげてから、遅れを取り戻してください。

## 整理が満点になるとこんな効果が

私の願いは、あなたの仕事のシステムを改善して「整理」を10点満点に持っていくこと。これこそが勝利の方程式。次のような結果が生まれてくるはずです。

- 毎日、予定どおりに仕事が終わる
- 1日の仕事が明確になるので「終わった」「終わらない」も明確になる
- 仕事が終わらなくても、簡単に原因分析ができ、改善点もすぐに見つかる
- メール処理、書類整理、電話応対などの日常業務が最短時間で済む
- 長期のプロジェクトも、最短期間で完了できる
- 最適な仕事量がわかる
- 取り組み中の仕事に悪影響を与えず、新しい仕事に取りかかれる
- 「ニセの緊急事態」にダマされず「本当の緊急事態」を見分け、対処できる
- ずっと「いつかやろう」と思っていたことに着手できる
- 仕事のフォローアップが完璧になる

**●時間管理ができない相手に対処できる**

**●1日モチベーションを保って、仕事をやり遂げられるようになる**

本書を読み終える頃には、仕事を効率的に進めるために必要な整理力はすべてあなたのものになるはず。その後は、あなたの努力次第です。

## CHAPTER 04 まとめ

- 効率・創造力・整理、この3つの要素はお互いに強く影響しあっている。
  効率のよさ＝創造力のレベル×整理のレベル
- 仕事がうまく進まないときは、システムを変える。適切なシステムができれば、より効率よく仕事ができるようになる。
- 仕事のシステムを改善し、整理のレベルが上がれば、より多くの結果が生まれ、ストレスを大幅に減らし、仕事に満足できるようになる。

CHAPTER

# 05

# TO DOリストと優先順位の限界

あなたは、どんなタイム・マネジメントの手法を使っていますか？「TO DOリスト」を作って、「優先順位」を決めて取り組んでいるのではありませんか？

TO DOリストと優先順位は〝時間管理の極意〟のように思われています。しかし、この手法には根本的な欠陥があります。問題を解決するどころか、問題を引き起こしている可能性さえあるのです。

驚かれたかもしれませんが、残念ながら本当のことです。具体的に言うと問題は3つあります。

**問題1　仕事の効率が悪くなる**
**問題2　仕事を抱えすぎることになる**
**問題3　時間が足りなくなる**

そして、この3つが原因となって、仕事のやり残しが生まれるのです。なぜ仕事が終わらないのか？　それぞれの問題を見ていきましょう。

# 仕事が終わらない3つの理由

## ■理由1　仕事の効率が悪い

集中できていない、重要なポイントも把握していない……そんな状態で仕事をしていないでしょうか？　それなら、まずは本書を読んで効率の問題に取り組みましょう。

問題にしなければならないのは「結果が出ない」ではなく「効率が悪い」こと。つまり、仕事を進めるスピードの問題です。

## ■理由2　仕事を抱えすぎている

効率をいくら改善しても、1日にできる仕事の量には限度があります。効率がよくなったからといって、手に負えない量の仕事を抱え込んでいるなら、事態は悪化するばかりです。

手に負えないほど仕事を抱えれば、仕事の質が落ちるのは当然ですが、それを気にかける人はあまりいないのはなぜか？　私のクライアントの中にも、手いっぱいの仕事を抱えているのに「もっと仕事がしたい」と言う人がたくさんいます。

この問題は単純で、仕事の能力と実際の仕事量との兼ね合いに気を配れば解決できます。効率の向上にも限度がありますから、その先は仕事を減らすしかないのです。

ここでは、仕事を抱えた原因、つまり、あなたのコミットメントに注目しましょう。上司に頼まれたにしろ、自分で引き受けたにしろ、結局はあなたのコミットメントが問題の源泉です。「仕事を減らすこと＝コミットメントを減らすこと」です。

## ■理由3　日常業務の時間が足りない

スケジュール表が白紙の時間を「何も仕事がない時間」と思っていませんか？　それは大間違い。その時間こそ、日常業務に費やす時間です。

スケジュールの空白が嫌なのか、やたらと予定を入れたがる人がいますが、あなたもその一人ではないでしょうか。日常業務をする時間を忘れてはいけません。

この3つ以外に、仕事をやり残す原因はありません。どんな理由も言い訳も、原因を突きつめればここに行き着きます。

## 優先順位には意味がない!?

ここで、優先順位にかかわる問題に話を移しましょう。実は、この優先順位のつけ方が、状況を悪化させている可能性があるのです。

### ■問題1　優先順位で「効率」は改善できない

もし仕事の効率が悪いなら、優先順位をつけて、重要な仕事から取り組んだとしても、何の役にも立ちません。

そもそも、優先順位と効率は何の関係もないのです。重要度が高くても低くても、効率が悪いことに変化はないからです。仕事の順番を変えても、スピードが速くなるわけではありません。

それどころか、重要な仕事は時間がかかりますから、やり残しの仕事が雪だるま式に膨れ上がって、混乱を助長し、仕事の効率を下げる可能性があります。つまり、優先順位が仕事の効率を上げることはなく、逆効果でしかないのです。

■問題2　優先順位で「仕事の抱えすぎ」は解決しない

大切なのは〝コミットした仕事を確実にやり遂げる〟ことです。

優先順位をつけても、仕事は増えも減りもしません。さらに、仕事の「やり残し」も避けられません。

優先順位をつければ問題は解決できると、無制限に仕事を増やしてはいないでしょうか？　つまり、優先順位そのものが問題を曖昧にしている可能性があるのです。

■問題3　優先順位で「時間不足」は解決しない

過密スケジュールで余分な時間がないなら、優先順位をつけてもムダです。それで問題が解決すると思い込んで、かえって仕事を増やすことになりかねません。

## TODOリストでは仕事の管理ができない

この問題の鍵は**TODOリストに書き込まれる仕事と、その日にすべき仕事には何の関係もない**ということにあります。

その日に入る仕事は、その日に処理するのが理想ですが、TODOリストは「その日に入る仕事」と「その日に処理すべき仕事」の関係が無視されています。

同様に、多くのタイムマネジメント手法には、1日の仕事の量に関する視点が含まれていません。1日にできる仕事量は無視して、仕事と必要な時間をバランスさせようとしているのです。

これでは、優先順位をつけても問題は解決しません。病巣は別のところにあります。

1日分の仕事をその日のうちに終えたいのなら、方法は次の3つしかありません。

方法1　仕事の効率を上げる
方法2　仕事を抱えすぎない
方法3　仕事をする時間を増やす

この3つのうち、**とくに大切なのは「仕事を抱えすぎない」こと**です。明確なビジョンもなく片っ端から仕事にコミットしていたら、優先順位をつけてもムダです。それに、そもそもビジョンが曖昧なら、重要度の基準が定まりません。

仕事の「やり残し」が出るようなら、まずはコミットメントを見直すことです。芝生の手入れと同じように、コミットメントにも定期的な手入れが必要だということを覚えておきましょう。

## CHAPTER 05 まとめ

●「優先順位」を「TO DOリスト」で管理する手法では、以下の問題は解決できない。

1 仕事の効率が悪い
2 仕事を抱えすぎる
3 時間が足りない

●手に負えない量の仕事を抱えている場合、優先順位をつけて仕事を管理しようとしても問題は解決しない。コミットする仕事を絞って「仕事を抱えすぎない」ことがとくに大切である。

CHAPTER

06

# 「忙しいだけの仕事」を捨てる

3章の「7つの原則」で「一事に集中する」そして「コミットメントと興味を区別する」というお話をしました。

制限なく仕事を引き受けると、大切な仕事に悪影響が出ます。仕事の数は少なくても確実に仕上げる方が、たくさんの仕事がどれも中途半端なままより、ずっとよいはずです。

## 仕事をこなすか？
## 目標に向けて行動するか？

確実に仕上げるべき仕事はどう選べばよいのでしょうか？

答えは簡単です。**新しい仕事が出てきたら、まずは既存の仕事への影響を考える**ことです。

すでに毎日の仕事があるはずですから、新しい仕事を入れるには、他の仕事に費やす時間を振り替える必要があるはずです。

「のんびりテレビを見る時間」を新しい仕事に振り替えられるなら問題ありません。プロジェクトが終わって、余裕ができた場合もよいでしょう。問題になるのは、すでに予定がいっぱいの場合です。

**コミットメントとは「私はこの仕事に集中する」という宣言。嵐の海のような混乱の中で、一筋の光を放つ灯台**なのです。あなたは何としても、その光に向けて船を進めねばなりません。

仕事も同じです。単に「仕事をこなす」ことと「目標に向けて行動する」ことは違います。つまり、毎日忙しく、たくさんの仕事をこなしている人が「よい仕事をしている」とは限らないのです。

## 「忙しいだけの仕事」が「本当の仕事」を遠ざける

私がおすすめしたいのは「本当の仕事」と「忙しいだけの仕事」を区別することです。「本当の仕事」とは、目標に近づくための仕事です。そのためには、あなたの能力すべてを使わなければなりません。つらい困難にぶつかることもあるし、限界にチャレンジする必要もあります。ときには「もう嫌だ」と思うこともあるでしょう。

そして、「本当の仕事」には、綿密な計画と入念な思考の時間が必要です。しかし、そのせいで**「忙しいだけの仕事」の方が仕事らしく見える**のです。あちこち飛び回って、慌ただしくしている人の方が、静かに座って計画を練る人より忙しそうに見えませんか?

あなたの上司や同僚はもちろん、あなた自身も自分に対してそんな誤解をしがちです。しかし、はっきり言ってしまえば**「忙しいだけの仕事」は「本当の仕事」をしない口実に過ぎません。**

また、「忙しいだけの仕事」は、人、立場それぞれで違います。ある人には「本当の仕事」でも、別の人には「忙しいだけの仕事」だということもあります。

| 本当の仕事 | 忙しいだけの仕事 |
|---|---|
| 仕事や計画を前進させる | 仕事や計画の前進のために必要な仕事を妨げる |
| 給与と利益の源泉 | 給与、利益の妨げ |
| 仕事の根幹に前向きな影響を与える | 仕事の根幹に悪影響を与える |
| スキル、知識のフル活用が必要 | 高いスキル、知識はいらない。余裕で処理できる |
| つらい思いも必要 | 楽な気持ちでできる |
| チャレンジングだ | 簡単だ |
| あなたしかできない | 誰にでもできる |

例えば、アシスタントに任せるべき仕事を自分でした場合、それは「忙しいだけの仕事」をしたに過ぎません。そして、アシスタントの方は「本当の仕事」をするチャンスを逃したことになります。

あなたの仕事のうち、どれが「本当の仕事」なのかを明確にしてください。見極めるべきは仕事だけではなく、あなたの人生でも同じです。「本当の仕事」だけが、あなたの人生に直接かかわることになるのです。

## すぐやると「忙しいだけの仕事」ばかりが進む

人気のあるタイム・マネジメント手法の1つに「すぐやる」というメソッドがあります。これは数分程度の短時間で終わる仕事なら、TO DOリストに書くまでもなく、その場ですぐに片づけてしまうという方法です。

しかし、この方法には大きな問題があります。それは、**「本当の仕事」を忘れて「忙しいだけの仕事」に飛びつく元凶**になってしまうということです。

もちろん「すぐやる」は、場合によってはとても優れた手法です。

私の例でお話しすると、クルマの給油がまさにそうです。ガソリンが空に近づいていても、「まだ大丈夫」とスタンドには立ち寄らず「もう走れないかも」という状況になって初めて、必死にスタンドを探します。

実際、本当にガソリンがなくなったこともありました。ですから、今は警告ランプが点灯したら「今すぐ」最寄りのスタンドで給油することにしています。

つまり**「すぐやる」が優れた手法になるのは「ガソリンが少なければ給油をする」と**

**いったケースのように、次に何をするかが明確である場合だけ**です。

ですから、この手法は次にやることが決まっていない状況では使えません。どんな仕事にも、たくさんの選択肢があり、「すぐやる」が、どのケースでも機能すると考えることには無理があるのです。

さらに「すぐやる」ことで「忙しいだけの仕事」を増やしているなら、それこそが問題でしょう。

## まず「ノー」と言ってしまう

「本当の仕事」を見極め、目標に近づく極意とは何でしょうか？

1つ提案するなら「できない『イエス』は言わない」こと。もっと簡単に言えば「まず『ノー』と言ってしまう」ことです。

基本はこれだけです。しかし**「ノー」と言う技術が身についていなければ、仕事がいくらできるようになっても「忙しいだけの仕事」が増えるだけ**です。

仕事の効率がよくなって時間の余裕ができると、そこには必ず新しい仕事が押し寄せてきます。そこに「忙しいだけの仕事」を入れて、それをテキパキと片づけたところで、「本当の仕事」には何の影響もありません。

さらに注意すべきは、無意識のうちに「忙しいだけの仕事」の出現を願い、それを「本当の仕事」をしない言い訳にしてしまうことです。

ビジネスでもプライベートでも、**予定がいっぱいという状況は、まず間違いなく「忙しいだけの仕事」を言い訳にして「本当の仕事」を避けているという状態**です。

「なぜ、私はいつも忙しいのか？」をよく考え、逃避行動のメカニズムを知ることが、生産性の低い忙しさから脱出する第一歩です。

## 「ノー」が上手に言える人になる

ある仕事が、あなたにとってどれだけの価値を持つか——これを決めるのはあなた自身です。

もし「忙しいだけの仕事」ばかりに時間を割いているのなら、その原因は、とりあえず

「イエス」と言って上司に見せかけの忠誠心を示したり、どうやって「ノー」と言うのかわからなくて差し出された仕事をすべて引き受けていたり、そこにある仕事を勝手に「私の仕事だ」と思い込んでいたりといった状況でしょう。あるいは「本当の仕事」から逃げるために「忙しいだけの仕事」の陰に隠れている可能性もあります。

新しい仕事が来たら、引き受ける前に必ず**「この仕事は、既存の仕事より価値があるか？」をまず自分に問いかける**ことです。

すでに、毎日はやるべき仕事で埋め尽くされていることを忘れてはいけません。それでも引き受けるなら、抱えている仕事をどれかあきらめる必要があります。

誰にでも、何かを頼まれて反射的に「イエス」と答えてしまい、後悔する傾向がありま す。こうして「忙しいだけの仕事」が増えていくわけです。

この傾向を絶ち切るには、「ノー」と言える人になる必要があります。そのためには、何か頼まれた時のとりあえずの反応を「イエス」から「ノー」に変えることです。

これから「ノー」と言うコツを紹介します。このやり方で、1日に何度「ノー」が言えるか試してください。

## ■ヒント1　落ち着いた声と態度を保つ

「ノー」と言う時は、落ち着いたトーンでの発声を意識してください。嫌な素振りをしてはいけません。反対に、弱気になったり、悩んだりするのは禁物です。

## ■ヒント2　言い訳しない

弁解してはダメです。あなたの価値観に基づいて、理由を説明してください。

例えば「クルマがないから行けない」と言うのではなく「娘と過ごす時間を増やしたいので行かない」とあなたの価値観を伝えましょう。

## ■ヒント3　考え込まず、当たり前のように

「頼んでくれるのはうれしいけれど、今、引き受けられる状況じゃないんだ」と気軽に言ってみてください。

深く考える必要はありません。「そこを何とか」などと食い下がられても、同じ調子でくり返し答えることです。

「今、仕事の仕上げに集中している」といった理由もよいでしょう。当たり前の説明であればあるほど、相手が要求をくり返す可能性は少なくなります。

### ■ヒント4 現状を説明し、仕事を選択してもらう

もし、仕事を頼んだのがあなたの上司なら「今の仕事の大切さを考えると、新しい仕事は難しいと思います。期限を延ばしていい仕事があるでしょうか？ そうすれば、この仕事に取りかかれると思います」とあなたの現状を説明しましょう。ここでも、ニュートラルな発声を忘れずに。

### ■ヒント5 引き受けるなら、自分の意思で

「ノー」と言った後で気持ちが変わり、やはりその仕事を引き受けると決めるならば、それは問題ありません。その仕事がしたいから引き受けるのであって、義務感だけで仕事をしてはいけません。

くり返しますが、大切なのは、まず「ノー」と言ってしまうことです。

しかたなく引き受けたり「悪いなあ」と思いつつ断るのではなく、**「心から『イエス』と言えるか？」を自分に問いかけてみてください**。

答えが「ノー」ならやはり断るべきです。「僕は、コミットできない仕事は断るのをルールにしています。この仕事を責任を持って引き受けることはできません」と伝えるこ

とです。いいかげんな仕事をしても、相手に迷惑をかけるだけです。あなたも引き受けたことを後悔することになるでしょう。

EXERCISE

## 「本当の仕事」を見極める

次のそれぞれの職業において「本当の仕事」とは、どんな仕事でしょうか？

**Q1** 小さな会社のオーナーの「本当の仕事」とは？

**A1** オーナーの「本当の仕事」とは「オーナーにしかできない仕事」です。会社の方針の決定や戦略立案がそれに当たります。日常業務に入り込みすぎて「本当の仕事」を忘れているオーナーが、実際には多いのではないでしょうか。

**Q2** 教育機材を売るメーカーの営業の「本当の仕事」とは？

**A2** 「製品を売ること」と言いたくなりますが、少し違います。正解は「販売に結びつく行動」をすること。何が販売に結びつくのかを見つけることも「本当の仕事」です。

「電話をかける」ことが販売につながるのなら、電話をやめたら「本当の仕事」を放棄したことになります。

**Q3** 大企業の社長のアシスタントの「本当の仕事」とは？

**A3** 社長が「社長の本当の仕事」に専念できる時間を増やすことです。

**Q4** ライフコーチの「本当の仕事」とは？

**A4** ここでは、この事業の本質を理解することが大切です。肩書きはコーチでも、実際の仕事の重要な部分はコーチングという商品を売ることです。つまり、セールスやマーケティングに取り組んでいなければ「本当の仕事」をしていないことになります。

## 最高のモチベーションは何から生まれるか？

さて、ここでもう1つ問題です。

仕事をしていて、一番やる気が出るのはどんな時でしょうか？

答えは「仕事が予定どおり進んでいる」と実感する時です。

意外に思われる方が多いでしょう。多くの方は「目標が明確な時」「熱意を感じる時」「好きな仕事をしている時」といった答えを予想されたかもしれません。

しかし、**どんな仕事でも、予定どおり進んでいることで一番力が湧く**のです。

ただし、そうなるには「本当の仕事」と「忙しいだけの仕事」の見極めが必須です。そのためには明確な目標がなくてはなりません。

「本当の仕事」を見極められれば、あなたの仕事は「これでまたゴールに一歩近づく」と実感できる仕事だけになり、やる気はどんどん高まります。

そんな仕事のためにスキルと能力のすべてを絞り尽くせるなら、結局はそれがあなたの人生を豊かにしてくれるはずです。

新しいアイデアをチャンスと見て、ぱっと飛びつく人がいますが、それでは力を分散させてしまいます。事業でも、利益を上げたいなら、焦点を絞るのが王道。**「本当の仕事」を見極めてコミットし、確実にやり遂げる**ことです。

個人事業主や企業のオーナーなら問題は少ないのですが、どんどん思いつきで仕事を割り振る上司の下にいたら大変です。

その場合でも「無能な上司だ」と言いたくなる気持ちを抑えて、管理と仕事の配分が上司の仕事だと理解してあげるように努めましょう。そして、部下であるあなた自身の現状を伝えることも、部下の責任であることを忘れてはいけません。

## CHAPTER 06 まとめ

- 新しい仕事ができたら、すぐに飛びつかず、既存の仕事への影響を考えた上で「本当の仕事」と「忙しいだけの仕事」を区別する。
- 「すぐやる」というタイム・マネジメント手法では「忙しいだけの仕事」ばかりに偏りやすくなる。「本当の仕事」を見極めてコミットし、それを確実にやり遂げる。
- 目標に近づくための極意は「まず『ノー』と言う」こと。

# 07

# 緊急の仕事を見分けよう

## スキルと整理、どちらが重要か？

この章では、仕事の進め方について考えてみます。

4章では「創造力」と「整理」のレベルについて、AさんとBさんとCさんの3人の例で説明しました。これを今度は「スキル」と「整理」の観点から説明してみましょう。

### ■タイプ1　スキルは高く、仕事の整理ができない人

ジョーは腕利きの自動車整備士。何でも一人でやる職人タイプで、整理整頓とは無縁で

す。

ジョーは点検や修理を頼まれると「いつでも持ってきて！」と引き受けてしまいます。だから修理工場には、いつも10台以上の車が並んでいます。修理や点検待ちの車もあれば、作業中のものもあり、進み具合もまちまちです。

ジョーの仕事は、計画的とは言えません。故障の修理に飽きると、別の車の定期点検をするといった具合です。

「すぐ乗りたいから急いでくれ」と電話がかかると、その依頼主の車にすぐに取りかかって一気に仕上げます。……これがジョーの日常。

この店では、いつ作業が終わるのかがわかりません。当然「ウチのクルマはどうなっているの？」とお客さんはいら立っているし、簡単な修理なのに時間がかかるという悪評も避けられません。

時々、頼まれていた修理が全部終わらない車を「修理済み」として、お客さんに返してしまうこともあって、クレームへのお詫びもしょっちゅうです。

「いつでも持ってきて！」は顧客にとってうれしいサービスですが、長い間、車が使えないのならよいサービスとは言えません。お客さんが自分の車を取り返しに来ないのは

「行ってもムダだ」とあきらめているからです。

もちろん、ジョーもこんな状況を何とかしたいとは思っていますが、現実は変えられません。それでも腕はいいし、修理代は手頃なので、そこそこ繁盛しています。

これは、自動車の整備士に限った話ではありません。あなたの周囲に同じような仕事ぶりの人はたくさんいるはずです。

## ■ タイプ2 スキルは普通で、仕事の整理ができる人

ジョーと同じ町にはミックという自動車整備士がいます。

整備士としての腕はジョーより落ちますが、管理能力は抜群です。修理の予約状況を確実に把握していて、いつでも修理日の指定が可能です。だいたいの修理日数も教えてくれるし、工場の修理能力を把握しているので、簡単なものは即日仕上げもできます。

さらに、ミックはクルマごとに修理項目のチェック・リストを作っています。

作業モレはなく、着実な仕事ぶり。取りかかってみたら、予想以上の難しい修理になってしまった場合は、できるところまでやって一度お客さんに連絡し、別の日の再予約を依頼しています。

ジョーとの大きな違いは、ミックが仕事に満足していることです。お客さんからの信用

もあり、修理代が多少高くてもオーダーが減ることはありません。毎日、帰宅時間も一定で、家族との時間も大切にできています。

## 仕事の能力とは、専門的スキルだけではない

ジョーの仕事ぶりは、ダメなシステムの典型です。

顧客の満足度という観点から見ても、仕事の効率が悪く、評判もよくありません。お客さんを怒らせることも多く、せっかくの修理の腕が高い評価につながりません。

「ダメなシステムの特徴」を挙げてみましょう。あなたに当てはまることがないか、考えてみてください。

**特徴1　仕事に制限を設定していない**
**特徴2　新しい仕事にすぐに反応する**
**特徴3　同時にいくつもの仕事をする**
**特徴4　1日にできる仕事量を把握していない**

**特徴5　毎日、1日分の仕事を終えられない**

一方、ミックの仕事のシステムはまったく違います。修理の腕はジョーに一歩譲るものの、顧客からの評価は抜群です。

「評価されるシステムの特徴」を挙げてみましょう。

**特徴1　仕事に制限が設定されている**
**特徴2　集中力を散漫にしていない**
**特徴3　一事に集中している**
**特徴4　1日にできる仕事量を把握している**
**特徴5　毎日、1日分の仕事を終わらせている**

修理の技術はジョーの方が高いのですが、ミックの方がジョーの店より早く修理が終わります。ミックは仕事の整理ができているので、結果的にたくさんの車の仕事が可能になるのです。

チェック・リストのおかげでミックの店では修理モレもありません。顧客の評価も高く、整備の腕を超えた収入を得られることになります。

## 自分と仕事の間に距離を取る

2人の仕事ぶりの決定的な違いを一言で言えば「場当たり的かどうか」ということに尽きます。

ジョーの仕事はすべてが場当たり的です。「1日に何台修理するか」「今日、どんな修理をするのか」「このクルマの修理はいつ完了するか」。すべては状況次第です。

ミックの場合も、お客さんからの依頼がいつ来るかわからない点は同じですが、依頼が来たら、すぐに仕事を整理します。それで場当たり的な要素をなくしているのです。不測の事態があっても、即座に仕事のシステムに組み込んで対応するようにしているということになります。

では、ミックは、いつ来るかわからない仕事をどうやって整理しているのでしょうか。

答えは、ミックは**「自分自身と仕事との間に距離を置いている」**です。別の言い方をす

| 腕のいいジョーの仕事（ダメなシステム） | 腕は普通のミックの仕事（評価されるシステム） |
|---|---|
| 仕事に制限を設けていない | 仕事に制限を設けている |
| 新しい仕事にすぐ反応する | 集中力を散漫にしていない |
| 同時にいくつもの仕事をする | 一事に集中している |
| 1日にできる仕事量を把握していない | 1日にできる仕事量を把握している |
| 毎日、1日分の仕事を終えられない | 毎日、1日分の仕事を終わらせている |
| できる仕事の量が少ない | たくさんの仕事ができる |
| 時間を活用できていない | 時間をフル活用している |

れば、次々に来る仕事を入れる**「バッファー・ゾーン」を設け、そこで一度整理している**のです。

ジョーには、このバッファー・ゾーンがありません。だからジョーは、仕事が来たらその都度、反応するしかないのです。

バッファー・ゾーンを持っているミックは、新しい仕事との距離を置くだけではなく、そこで仕事を整理しています。距離を置くだけなら仕事を「先送り」してため込むだけになります。

実は、この**「距離を置くこと」そして、そこで「仕事の整理をすること」が優れたシステムの基本**になるのです。

EXERCISE

## 新しい仕事にすぐ反応しない

夕方、今日1日を振り返り、発生した仕事にすぐ反応したことがなかったか、考えてみてください。

「急にその仕事に取りかかりたくなった」

「誰か他人から頼まれた」

「緊急事態が発生した」

このようにすぐに仕事に反応するような状況はいろいろあります。思いつくものをすべて書き出してみてください。

新しい仕事にすぐ反応してしまう場合、次のようなケースが考えられます。

- パソコンにメール着信の表示が出たので、仕事をやめてメールを読んだ。
- プロジェクトの仕事に手をつけず「忙しいだけの仕事」ばかりした。
- クライアントから電話で要望があり、仕事を中断して依頼に応えた。

●上司から仕事を命じられ、その日の予定をすべて変更した。
●「面白いウェブサイトがある」と聞いて、仕事を中断してそのサイトを見た。
●忘れていた仕事を思い出したので、予定を変更し、それに取りかかった。

どれも場当たり的な反応です。一度、距離を置いて、仕事の整理をしていません。つまりバッファー・ゾーンがないのです。

バッファー・ゾーンを作るか作らないかは、緊急のレベルをどう認識するかによるのですが、ここを間違える人が非常に多くいます。

大切なのは、バッファー・ゾーンで仕事を整理する上で、この「緊急のレベル」を3つに分けて見ていくことです。

**緊急レベル1　今すぐ**
**緊急レベル2　今日中に**
**緊急レベル3　明日やる**

結論を先にお伝えすると、この3つのうち「③明日やる」を基本にするのがベストです。明日なら相手から「遅い」と言われることも少ないし、計画も立てやすくなります。

それでも、本当に緊急な仕事はすぐにやらざるを得ないので、それを「①今すぐ」か「②今日中に」に分類することにします。

順番に見ていきましょう。

## 緊急レベル1「今すぐ」

これは「何もかもやめて、すぐに取りかかる必要がある」というレベルです。消防士や緊急医の救急対応がそれに当たります。

その他、お店の店員、銀行の窓口、郵便局員などの業務も、お客さんの要望に「今すぐ」の対応が必要です。

こうした仕事では、仕事そのものが「今すぐ」に対応できるシステムになっているはずです。ですから、緊急事態への対応も場当たり的になることはありません。

消防署は高度な通信機器と特殊な対応プロセスを備えているし、署員は訓練を受け、緊急時に備えて装備の点検を怠りません。

小売店、銀行といった来客相手のビジネスも同じです。そのためのマニュアルやスタッフの研修制度が整備されています。

**こうした組織で「今すぐ」の対応に不備があるなら、それは個人の問題ではなく組織の問題**です。

救急車が事故現場に着くのに2時間もかかるなら「車両の整備が悪い」「台数が少ない」「救急救命士が少ない」「スタッフの訓練が不備」といった組織の問題。

同様に、郵便局の窓口に長蛇の列ができるなら「窓口や局員の不足」「研修の不備」「手続きの煩雑さ」などが問題です。これも問題の根は組織にあります。

次に、あなたの仕事に「今すぐ」の仕事がどのくらいあるかを考えてみましょう。

くり返しますが「今すぐ」の仕事とは、そのために他の仕事をすべてやめなくてはならない仕事です。

EXERCISE

## 「今すぐ」の仕事を見極める

次のうち「今すぐ」対応をする必要があるのはどれでしょうか。

**Q1** デスクの電話が鳴った。

**A1** 電話に出るのは「今すぐ」の仕事です。ただし、集中したい仕事があるなど「電話には出ない」と決めているなら話は別。ここはあなたの決断次第です。職場への電話が多すぎて業務に差し支えがあるなら、それは組織の問題として改善の必要があります。

**Q2** 電話に出ると、クライアントからの質問の電話だった。答えはすぐにわかりそうだ。

**A2** 緊急の度合いは電話の内容で決まります。この場合、すぐに答えられる内容なら「今すぐ」に処理をした方が簡単に片づくでしょう。

**Q3** 電話に出ると、クライアントからの質問。調査が必要なものだ。

**A3** 「今すぐ」の仕事ではありません。ただし、相手が困り切っていて、すぐにアドバイスを求めているなら例外とする必要があるでしょう。要は話の内容次第です。「電話だから、すべて至急の仕事とは限らない」ということを覚えておきましょう。

**Q4** 窓から煙が入ってきた。火災警報も鳴っている。

**A4** これは、典型的な緊急事態です。「今すぐ」避難してください。

**Q5** パソコン画面に「メール着信」のサインが出た。

**A5** メールが届くたびに「今すぐ」反応してはいけません。パソコンのメールの着信表示機能はオフにしておくことをおすすめします。

**Q6** 上司があなたの机に書類の束を置き、「今日中にやっておいて」と指示していった。

**A6** 早めの対処が必要ですが、「今すぐ」の仕事ではありません。「今日中に」終わるように、まずは今日の仕事の計画を組み直しましょう。

**Q7** オフィスのコピー機が故障した。直せるのはあなただけだ。

**A7** 「今すぐ」の仕事と考えざるを得ません。ただし、このタイプの仕事がたびたびあるなら、それは組織の問題。修理のできる人を増やすべきです。

**Q8** パソコンが動かない。故障したようだ。

**A8** 「今すぐ」修理するしかありません。仕事が休止状態になってしまいます。

**Q9** 親友の誕生日を忘れていた。

**A9** (早めに対応した方がよいと思いますが)「今すぐ」ではありません。そして「なぜ、誕生日を忘れたのか」を考えてください。大切な予定を記録するシステムがなく、やることが整理されていないということではありませんか?

**Q10** 上司から「明日の午後の会議に出るので、この件への意見を聞かせてほしい」とのメールが来た。

A10 これも早めの対応が必要ですが「今すぐ」の仕事ではありません。

Q11 同僚がやってきて、休暇の話をしはじめた。

A11 2、3分の雑談なら「今すぐ」の仕事にしてもよいでしょう。しかし、おしゃべりがあまりに多いなら組織の問題と考えるべきです。

Q12 同僚がやってきて、プロジェクトの進捗状況に関する話をしはじめた。

A12 5分以上の話なら、別に時間を設けた方がよいでしょう。

Q13 午後のプレゼンの準備に追われていたところへ、クライアントからの電話があった。問題が発生したようで、午前中に解決しなければならない。

A13 「今すぐ」の仕事ですが、今すぐクライアントの問題に取り組んではいけません。「今すぐ」やるべきは現状の把握です。今すぐ少し時間を取って、現状を分析し、理解しましょう。これで「プレゼンの準備を誰かに頼んでも大丈夫だ」という形で対応の整理ができるはずです。

**Q14** 電話に出ると、製品に関する顧客からの問い合わせだ。「今すぐ」の仕事として対応してください。ただし、同じような電話が多ければ、対応策を考える必要があります。

**A14**

## 緊急レベル2「今日中に」

「今すぐ」か「今日中に」かを区別するのは容易ではありません。大きな違いはないように思われるかもしれませんが、システムの観点から見るとまったく違います。**「今日中に」とは「『今すぐ』ではないが、その日のうちにアクションを起こすこと」**です。こう言い換えると、扱いが非常に難しいと感じられるのではないでしょうか。

実際、タイムマネジメントの専門家も**「今日中に」の扱いは「今すぐ」より難しい**としています。「今すぐ」の仕事に問題がある場合というのは、その原因は個人でなく、組織に起因することが多いからです。

ここではまず組織には問題がない前提で考えてみましょう。

もしも「今日中に」とするべき仕事を、片っ端から「今すぐ」と認識したら、新たな刺激に反応するばかりで、どの仕事も中途半端になってしまいます。

そこで、仕事との間に距離を置く訓練、つまり、整理のための「バッファー・ゾーン」を作る練習が必要になります（117ページのQ13がよい例です。もう一度、参照してください）。

緊急事態に活躍するのは〝衝動の脳〟です。しかし、行動計画を作る場合にはそれが障害になります。そこでバッファー・ゾーンを設けて、〝衝動の脳〟から〝理性の脳〟へと主導権を移すのです。

そのための最善な方法は簡単です。あなたの意図するところを書き出してみればよいのです。**ペンを持って書き始めた途端に〝理性の脳〟は活発に動き出します。**

実際に、体験してみましょう。

まずは、ペンと紙を用意して静かに座り、自分自身の心の動きに注目してください。そして、「コーヒーが飲みたい」とか「◯◯のサイトをチェックしたい」といった衝動が起こるのを待ってください。

そのうちに、何らかの衝動が起きるでしょう。そのときに、衝動に従って、すぐ行動してはいけません。その代わりに**「コーヒーを入れる」「サイトで◯◯を調べる」**などと

**ノートに書きとめてください。**

書いた後なら、コーヒーを入れても、サイトを調べても結構です。すでに、それは衝動への反応ではなく、あなたが考え計画した上での決断となっているからです。

ここで、次のような規則を作ることにしましょう。

**「『今日中に』か『明日やる』かの判断に迷った場合は、紙に書いてみること」**

専用のリストがあればなおよしです。これで、どちらかを判断することができるはず。「今日中に」する仕事を最小限に抑えられます。専用のリストの作り方については、10章でお話ししましょう。

EXERCISE

## 「今日中に」を見極める

次のうち「今日中に」するべき仕事はどれでしょう。

**Q1** 今日が提出期限のレポートがまだできていない。1週間前から気になっていたが、手がつけられなかった。

**A1** 今日が期限なら「今日中に」書き上げるしかありません。なぜ、もっと早く手をつけなかったのでしょうか？　これは「ニセの緊急事態」の典型的な例です。すなわち、処置の遅れが緊急事態を招いているのです。

**Q2** クライアントから電話で、情報が欲しいとのこと。資料はファイルにあるので、メールで送るだけだ。

**A2** クライアントが「緊急」と言ってはいないので、「今日中に」対応する必要はありません。緊急度合いは相手の要望によります。「電話＝緊急」ではありません。

**Q3** クライアントから電話。情報が欲しいとのこと。調査が必要な内容だ。

**A3** これもQ２と同じです。メールを送るだけでも、調査が必要な場合でも対応方針に変わりはありません。大切なのは相手の要望の度合いで、仕事の難易度ではありません。

**Q4**
「これ、今日中に仕上げてほしいんだ」。上司がそう言って、机に書類の束を置いた。

**A4**
「今日中に」という上司の指示ですから「今日中に」対応するべきでしょう。ただし、他の仕事への影響が大きいなら、上司に状況を報告して判断を仰ぐべきです。

**Q5**
「これ、今週中に仕上げてほしいんだ」。上司がそう言って、机に書類の束を置いた。ちなみに、今日は火曜日だ。

**A5**
もちろん「今日中に」対応する必要はありません。

**Q6**
パソコンが故障して動作が遅くなった。イライラするが、仕事は何とかできる。

**A6**
「今日中に」対応する必要はありません。仕事を中断するデメリットの方が問題でしょう。特に、パソコン修理は予想よりずっと時間がかかるものです。

**Q7**
友人からメールが届いた。内容は「この店のサイトは必見。オフィスのすぐそばだ」。

**A7** 明日になっても店は逃げません。「今日中に」見る必要はないでしょう。

**Q8** 職場の仲間からメールが届いた。内容は「このサイトは必見。プロジェクトに必要な情報がつまっている」。

**A8** 「プロジェクト」の緊急性については言及されていませんから「今日中に」対応する必要はありません。

**Q9** 職場の仲間からメールが届いた。緊急性の低い問い合わせだが、返事は簡単に済む。

**A9** 「今日中に」対応する必要はありません。対応の緊急度合いは、難易度には関係なく、依頼の緊急度合いによります。

私のおすすめは、「至急お願い」とのリクエストがない限り、その日の対応は避けることです。例外を作れば、どんなメールにも「今すぐ」返信するようになる可能性があるからです。それに、返事が早いと、相手とのメールのキャッチボールが長引く可能性もあります。

**Q 10** 情報不足で、レポートの作成がストップしていたが、ようやく必要なデータが届いた。

**A 10** レポートの緊急度合いが不明です。すぐに資料を見たくなる気持ちはわかりますが、「今すぐ」手をつける誘惑と戦ってください。どんなに大切なことでも、緊急事態に反射的に反応しては、仕事によい影響はありません。

## 緊急レベル3「明日やる」

くり返しますが、**すべての仕事を「明日やる」のカテゴリーに入れるのが理想**です。そうすれば、仕事の計画が事前に立てられるからです。

要は「仕事に必要以上の緊急性を与えない」こと。「明日やる」で問題がない仕事は、「今日中に」する必要はまったくありません。

どんな仕事も、まずは「明日やる」ことにするのが正解なのです。

EXERCISE

## 「明日やる」を見極める

次の仕事のうち、「明日やる」にするべき仕事はどれでしょう?

**Q1** 通勤途上でアイデアが浮かんだ。よく考えたいし、忘れたくない。

**A1** 「明日やる」です。アイデアを書きとめておいて、改めて明日考えましょう。

**Q2** 会議が終わった。カバンの中は対処が必要な書類とメモでいっぱいだ。

**A2** 「明日やる」です。デスクに戻ったら、カバンから会議の書類とメモを出して「明日やる」のトレイに置いておきましょう。

**Q3** ビル・ゲイツから直接、電話がかかってきた。「あなたの開発したソフトをウィンドウズに組み込みたい」「いつ返事をもらえるだろうか?」との質問だ。

**A3** 人生で二度とない絶好のチャンス。「今すぐ」対応してください。プレゼン資料を作成し、直近のフライトでビル・ゲイツのオフィスに向かいましょう。

**Q4** パソコンの時刻表示が間違っているのに気づいた。

**A4** 「明日やる」です。メモしておいて、明日修正しましょう。

**Q5** ある仕事について、「今日中に」するか「明日やる」のどちらにするか迷っている。

**A5** 「明日やる」です。これが標準設定。特別な理由がない限り、変更する必要はありません。迷っているなら「明日やる」にしてください。

**Q6** 留守番電話にクライアントからのメッセージが入っていた。折り返し電話が欲しいとのこと。

**A6** 「明日やる」です。クライアントが「至急」と言っていなければ、メモしておいて明日電話をしてください。

**Q7** 引き出しの中が整理されていないのに気づいた。

**A7** 「明日やる」です。これこそ要注意。仕事に抵抗を感じた場合、最もありがちな逃避行動が机の整理だからです。メモをしておいて、明日整理しましょう。

**Q8** 今日はメールが106通も届いた。

**A8** メールの対応は「明日やる」が基本です。特にメールを頻繁に使う人は、気をつけないとメールの返信で1日が終わります。着信メールから、本当に緊急なメールを見極めて、それだけを処理しましょう。その他は明日です。メールはまとめて処理すれば効率も上がります。

**Q9** 同僚が「今日中に仕上げるレポートのために至急データが欲しい」と頼みにきた。

**A9** 「明日やる」です。この場合、ぎりぎりまで放っておいた相手に責任があることは明白です。他人の無計画につき合って、自分の計画を壊してはいけません。「明日まで無理」と答えてください。

Q10 クライアントからデータを送ってほしいとのリクエストが来た。

A10 「明日やる」です。「明日、間違いなく送ります」と答えておきましょう。

## 「今すぐ」と「後で」にしか分類しないミスには要注意

緊急レベルの分類を間違えたらどうなるでしょうか。ここで考えてみましょう。

よくあるミスには2種類あります。

1つは、何でも「今すぐ」にすること。もう1つは「後で」にしたまま、取りかかる時期を曖昧にしておくことです。

実際、仕事を「今すぐ」と「後で」の2つにしか分類しない人はたくさんいます。しかし、この分類では**「後で」はほぼ「やらない」になります。それを自覚しているから「今すぐ」を手いっぱい抱え込むことになってしまうのです。**

「今すぐ」が多すぎるということは大問題。仕事に振り回されて、集中できず、毎日がストレスだらけになるからです。

自動車整備士のジョーがその好例でしょう。顧客の要望に応えようとする姿勢は、当初は喜ばれますが、結局は、計画的なミックには勝てません。

何度も言いますが**「今すぐ」の対応が必要なのは「特殊な職業の場合」または「本当に緊急の仕事」だけ**です。それが問題になるなら、あなたの問題ではなく組織やシステムに原因があるのです。

「今すぐ」「今日中に」「明日やる」の3つに分類をする場合、特に「今日中に」が問題であると考えてください。

「今日中に」は1日の計画を狂わせる原因です。最小限にとどめるに越したことはありません。

そうなると仕事の分類の選択肢は基本的に2つになりますね。他の仕事を犠牲にしても「今すぐ」済ませるか、悪影響のないように注意しつつ「明日やる」かです。

EXERCISE

## 仕事の緊急レベルを分類する

あなたの仕事の緊急レベル状況を考えてみましょう。突発的な仕事を、どう分類しているかを見てみるのです。現状にこだわらず、どこに入れればよいか考え、次の文章を完成してください。

1.「今すぐ」の対応が必要な仕事は（　）％。
2「今日中に」対応する必要のある仕事は（　）％。
1と2の合計は（　）％。
3「今すぐ」にも「今日中に」も対応する必要のない仕事は（　）％。

## ■パターン1　「今すぐ」が多い人の場合

あなたは来客と接する機会が多い仕事ではないでしょうか。それ以外の仕事で「今すぐ」が多いなら、緊急レベルの分類に問題がある可能性があります。もう一度、この章を読み直して、緊急レベルの分類を見直してください。

## ■パターン2　「今日中に」が多い人の場合

理由を徹底的に調べる必要があります。

トラブル処理を仕事にしている？　仕事のシステムに不備がある？　仕事が遅い仲間をカバーしている？　何が何でもすぐに対応する職場環境？　上司が「すぐやれ」と口うるさい？　……思い当たることがあるでしょうか。「今日中に」の仕事が多いのは、仕事の効率がよい状況とは言えません。

■パターン3　「今すぐ」も「今日中に」もほとんどない人の場合

あなたには整然と仕事ができる素養があります。どの仕事を「今すぐ」にすればよいのかが理解できれば、ご自身の仕事について考える余裕が生まれるでしょう。

もちろん、仕事の種類によっても、緊急度の割合は変わります。

ですから、放っておいた仕事がどんどんたまるという状況にしないためには、どんな仕事についても「今すぐ」か「今日中に」か「明日やる」かのどれかを決めることです。そして、特別な事情がない限り「明日やる」がベストだということを覚えておいてください。

## CHAPTER 07 まとめ

- 職業的なスキルが高くても、仕事の整理ができなければ成果も評価も得られない。
- 評価されるシステムには5つの特徴がある。
  特徴1　仕事に制限が設定されている
  特徴2　集中力を散漫にしていない
  特徴3　一事に集中している
  特徴4　1日にできる仕事量を把握している
  特徴5　毎日、1日分の仕事を終わらせている
- 新しい仕事は必ず一度整理することが優れたシステムの基本。
- 緊急レベルには「今すぐ」「今日中に」「明日やる」の3段階がある。「明日やる」を基本にするのがベスト。

# 第2部

# マニャーナの法則

THE MAÑANA PRINCIPLE

CHAPTER

# 08

# 最強のマネジメント・ツール「クローズ・リスト」

さて、いよいよ第2部からは、具体的な方法を説明していきます。

まず、仕事のマネジメントにとって最強のツール「クローズ・リスト」からお話ししましょう。このクローズ・リストを実際に使用している人はまだ少ないようです。

「TO DOリスト」を使っている……⁉ なるほど、それではタイム・マネジメントがうまくいっていないのも無理はありません。

## オープン・リストでは仕事をコントロールできない

ＴＯＤＯリストは「オープン・リスト」の典型です。仕事をしながら、別の仕事を追加することができます。追加の仕事に制限がないので、１日の仕事の終わりに、朝よりも「未完了の項目」が増えていることもあるでしょう。

つまり、**オープン・リストに頼っていると、いつまでたっても仕事が終わらない**のです。気になる仕事から片づけて、その他を後に回していれば「やり残し」の仕事の山ができるばかりです。

前章のジョーとミックの話を思い出してください。

「いつでも持ってきて！」というジョーのやり方は、お客さんが無限に増えるオープン・リスト方式です。修理中の車がどんどん増えて、長い間運転できないお客さんが増えていきます。これがリストに残った先送りされる仕事です。

一方で、修理能力と予約状況を把握して仕事を進めるミックのやり方がクローズ・リスト方式です。ミックは修理能力を超えた仕事の予約は受けつけません。

そのおかげで、お客さんは修理完了までの待ち時間を知ることができます。いつまでも待たされることはありません。

**仕事を「明日やる」メリットは、クローズ・リストをフル活用できるということ**なのです。クローズ・リストは、仕事に制限を設けて効率を上げる手法、使い勝手においてもオープン・リストを上回ります。

## 仕事をクローズすれば早く完了できる

クローズ・リストの典型が「チェック・リスト」です。仕事の範囲に制限を設けているからです。

ミックは、修理を引き受けた自動車ごとにチェック・リストを作っていました。この場合、チェック項目をどれだけ増やしても、その1台に必要な修理個所の範囲を超えることはありません。

つまり、ミックは車ごとに仕事のクローズ・リストを持っていることになります。1台終われば2台目、それが終われば3台目という仕事の進め方は、ジョーとは対照的です。

さらに、クローズ・リストは他の使い方もあります。休暇明けにオフィスに出ると、メールが山ほど届いていたという状況で考えてみましょう。

オープン・リスト方式、つまり〝衝動の脳〟を活用して対応すると、読んだメールすべてにすぐ返信するということになるでしょう。問題は、その間にも新着メールが届くことです。新着メールに反射的に対応していては、いつまでたってもすべてのメールへの対応が終わらない可能性があります。

**クローズ・リスト方式を取るなら、まず休暇中のメールをダウンロードして、新着メールの着信は停止する**べきです。その上で集中してメールを処理します。この方法なら、1件ずつ〝衝動の脳〟で処理するよりも、より短時間で片づくはずです。

タイム・マネジメントの本には、たいてい「TO DOリストを作れ」と書いてあります。それほどにTO DOリストは時間管理の定番です。

しかし、TO DOリストを継続できたという話は、ほとんど聞きません。続けている人は「仕事のやりがいはTO DOリストの項目を消すことだ」という状態です。これでは〝リストの奴隷〟です。

# チェック・リストを活用する

ショッピングリストは典型的なチェック・リストですが、他にも次のような場面でチェック・リストが使われています。

- 電話で話すべきポイントをメモしておく
- 新しい計画を段階ごとに分けて整理する
- ホテルのベッドルームをスタッフに清掃させる効率のよい作業項目表を作る
- 顧客との間で合意した項目をリストにする

ムダなく効率よく働くためにチェック・リストは不可欠、**新しい仕事に取りかかる時は「必要な行動のチェック・リストを作る」**ことを習慣にしましょう。

EXERCISE

## チェック・リストで仕事の先送りを解決する

チェック・リストを実際に作ってみましょう。次のステップで取り組んでみてください。

ステップ1 「いつかやろう」と思うだけで、手をつけていないプロジェクトはありませんか。ダイエット、語学の勉強、部屋の整理……など何でもかまいません。

ステップ2 見つかったら、まず「今日から取りかかる」と決断します。

ステップ3 そのプロジェクトを成功させる「行動リスト」を作ってください。

ステップ4 リストを見て今日できることを探してください。「今日やるのは無理だ」と感じるなら、項目をさらに細かく分解します。

ステップ5 リストができ上がったら、最低でも、1つを完了してください。

これでチェック・リストの練習は終わりです。

チェック・リストを作ってみて、どう感じたでしょうか。「いつかやろう」と思いつつ、抵抗感が大きくてずっと先のばしにしていたことに、すんなり着手できて驚かれたのではないでしょうか。

もう1つ、この練習で理解してほしいことがあります。それは、**チェック・リストを細分化して項目を増やすと、仕事に取りかかりやすく、作業効率もよくなる**ことです。

プロジェクトの中身を細分化すればするほど、仕事は完璧になり、個々の項目の達成が容易になります。

TODOリストは反対です。項目が増えれば、より抵抗が大きく、取りかかりにくくなり、効率も低下します。項目が増えれば増えるほど、仕事の管理が難しくなるからです。

## 仕事のリストはクローズ・リストでなくてはならない

ここでクローズ・リストの特徴を考えてみましょう。

今、仮に12項目の仕事があり、邪魔は入らず、新規の仕事もない日があったとします。

仕事が終われば帰宅できます。この12の仕事には関連性はありません。

仕事の種類はさまざまです。量のあるもの、難しいもの、やりたくないもの、急ぎのもの、重大なものとバラエティに富んでいます。

ここで質問です。どの仕事から取りかかるべきでしょうか。あなたが正しいと思うものに印をつけてください。

□難しい仕事から
□簡単な仕事から
□緊急な仕事から
□重大な仕事から
□量の少ない仕事から
□量の多い仕事から
□やりたくない仕事から
□やりたい仕事から
□書いた順番に
□その他（　　　　　）

正解は「どれでもOK」です。**仕事を終わらせるのが前提なら、どういう順番でやっても問題はない**からです。

しかし、すべてが終わらない可能性があるなら話は別です。

「やり残し」は翌日のリストに追加されます。それが続けば膨大な「やり残し」の山ができるのは明白。

実は、優先順位の問題はここにあります。

**いつも同じ方法で優先順位をつければ、必ず同じような仕事がやり残しになります。**

緊急な仕事に取り組む人は、どんな仕事も緊急になるまでやらないことになってしまうのです。重要な仕事を選ぶ人は、重要度の低い仕事には目もくれません。

この問題を解決するには、全体の仕事量を適切に保つしかありません。できない仕事を引き受けない方がよいのはそのためです。それを実現するのが、このクローズ・リストなのです。

くり返しますが、仕事をすべて完了できるなら順番はどうでもよいのです。

私の場合は、簡単な仕事を一番にします。メールの一括処理を例にすると、1巡目はすぐ消去できるメール、2巡目は簡単に処理できるメールという要領で、難易度を上げていきます。最後に熟考の必要な2、3通が残ります。

この方法なら、かなりのスピードでメールの処理が可能です。

クローズ・リストの考え方は、やり残した仕事の管理にも有効です。

残務がたまると気分が沈むものですが、そんな状態が続いた場合、私は「やり残し宣言」をします。

遅れている仕事を「やり残し」のフォルダに放り込み、整理してしまうのです。この開放感は何とも言えません。もちろん、いずれ「やり残し」のフォルダを片づける必要はありますが、これは11章でお話しする「ファースト・タスク」として処理します。

EXERCISE

## クローズ・リストの考え方を学ぶ

次のうち、どれがクローズ・リストの考え方によるものでしょうか？　それぞれ検討してみてください。

Q1 クルマにちょっとしたトラブルが多発している。どれも整備に出すほどの問題ではないので、故障のたびに内容をメモしておいて、次の点検で修理を頼むことにした。

A1 クローズ・リストです。整備に出すまでは項目は増えていきますが、実際の修理に取りかかるわけではありません。逆に、項目の追加と実際の修理を並行して行うのがオープン・リストです。

Q2 仕事が大幅に遅れているが、翌週は休暇の申請をしている。そこで、休みの前にやるべき仕事をリストアップし、その他は休みの後に回すことにした。

A2 クローズ・リストの典型です。必要な仕事だけに集中できます。

Q3 「お金、家の鍵、クルマの鍵」。家を出る時は、こう自分に問いかける。

A3 備忘録としての簡単なチェック・リストです。チェック・リストはクローズ・リストの一種です。

Q4 今日中にやる仕事のリストを作った。午前中にいくつか新しい仕事が入ったので、リストの最後に追加した。

A4

答えは、新しい項目の加え方次第です。

クローズ・リストにするには、当初のリストの最後に線を引いて、仕事をクローズする必要があります。新しい仕事は、線の下に記入します。線の下の項目を当初からある項目を終えてから処理するなら、このリストはクローズ・リストです。当初からあるオープン・リストに新しい仕事を追加するよりも、仕事の効率が高い方法です。

CHAPTER 08

# まとめ

● オープンリストは、新しい仕事が無制限に追加されるため、仕事をコントロールできない。オープンリストの典型がTO DOリスト。これに対して、仕事に制限を設ける手法がクローズ・リストで、その典型がチェック・リスト。

● 新しい仕事に取りかかる時はチェック・リストを作り、仕事の先送りを解決すること。リストを細分化して項目を増やすと、仕事に取りかかりやすく、作業効率も良くなる。

● クローズ・リストを活用すれば、全体の仕事量を適切に保つことができる。また、やり残した仕事の管理にも有効。

CHAPTER

# 09

# 究極の仕事術「マニャーナの法則」

前章ではクローズ・リストこそが最強のツールであり、役に立つということをお話ししました。この章では、毎日、仕事を確実に終わらせるクローズ・リストの作り方を具体的に説明します。

これこそが名づけて「マニャーナの法則」です。**「マニャーナ（mañana）」とはスペイン語で「明日」という意味**、「明日やる」を基本にすることで、仕事を完全に終わらせる画期的な方法です。

ここで少しおさらいをしておきましょう。これまでに学んだ2つの大切な原則を思い出してください。実は、この2つの原則こそが「マニャーナの法則」なのです。

**原則1　新しく発生した仕事は「明日やる」を基本にする**
**原則2　クローズ・リストを使う**

## 「マニャーナの法則」とは？

「マニャーナの法則」の根底にあるのは「明日まで待てないほど、緊急な仕事はない」という考え方です。ポジティブに表現すれば「1日に発生する仕事を集めて、必ず次の日にやる」と言い換えられます。つまり、**常に仕事に1日分の「バッファー・ゾーン」を設ける考え方**なのです。

イメージをつかんでいただくために簡単に説明すると、以下の3ステップです。

**ステップ1　今日、新たに発生した仕事を集めておく**
**ステップ2　仕事を類別する**
**ステップ3　類別した方針に従って、翌日まとめて処理する**

こうして、メールや電話のメッセージ、書類を翌日、集中して処理します。同時に、すぐに処理できない手間のかかるタスクは細分化して管理します。

具体的な方法をご説明しましょう。

## メール・電話・書類を翌日に集中処理する

### ■1 メールの処理

メールに手を焼いている人が多い割には、システムを作って処理しようという声はあまり聞きません。誰もが場当たり的な処理をしているということでしょう。

「マニャーナの法則」に従えば、**メールは着信日の翌日にまとめて処理する**ことになります。狙いは、一定量の仕事をまとめて処理することで、処理効率を上げることです。

特にメールの持つメリットを2つあげると……。

- 着信場所が1ヶ所に限られる

| マニャーナの法則 | 通常のやり方 |
|---|---|
| クローズ・リスト方式 | オープン・リスト方式 |
| 新しい仕事には「システマティック」に取り組む | 新しい仕事は「場当たり的」に取り組む |
| 邪魔がほとんど入らない | 邪魔がひっきりなしに入る |
| 1日の計画が立てやすい | 1日の計画が立てにくい |
| 1日の仕事量と負荷が均衡する | 1日の仕事量と負荷は無関係 |
| 遅れの原因がすぐわかる | 遅れの原因がわかりにくい |
| その日の仕事はその日に終わる | いつまでも仕事が終わらない |

●整理がしやすい

1日分のメールを集めるのは簡単です。昨日のメールだけを別のフォルダに入れればよいだけ。そのフォルダがそのまま処理するべきメールのリストになります。

処理のできたものから消去すれば、進捗状況は一目瞭然でわかります。集中して処理すれば、残りのメールが減っていくのがわかりますから、モチベーションも高まります。その結果、さらに処理時間も短くなります。

## ■2 電話のメッセージの処理

メールと同様、翌日に処理します。

電話で連絡をもらったから、必ず緊急ということではないはずです。すべての電話に反射的に反応せず、内容次第で「今日中に」か「明日やる」かを判断しましょう。基本は「明日やる」です。先にそれだけを伝えておけば、相手も心配することはないはずです。

もちろん、メッセージの内容を書きとめておくことが大事。どこに書いておくかは、後ほどお話ししましょう。

## ■3 書類の処理

書類に関しては、問題が2つあります。まずはその処理法、そしてファイリングの仕方です。まず処理法について説明をしましょう。

書類は、メールとは違って、整理をしにくいのが難点です。書類はいろいろな場所から出てきます。

- 郵便受けに入っている
- 会議から書類を持ち帰る
- 添付ファイルを印刷する
- メモを残す

● 請求書が届く
● 他部門から書類が来る
● メールする前に文章を印刷する

こうして、オフィスはあっという間に書類だらけになります。

**書類整理の第一歩は、新規の書類を置く場所を1ヶ所に絞ること**です。

まずは、そのためのトレイAを用意してください。**トレイAは、あくまで「新規の書類入れ」。ここに入れていいのは「翌日の処理待ちの書類」だけ**です。他の書類を入れてはいけません。

トレイAに入れた書類は、当日1日は積み上がるままに任せておきます。対応は翌日が基本です。メールと同じく1日分を集めて、次の日にまとめて処理するのです。

会議から書類を持ち帰ったら、ブリーフ・ケースに入った書類をトレイAに入れましょう。メモも、他の部署から来た書類も、ファイルのプリントも、請求書も、ファックスも、全部トレイAに直行です。つまり、その日に出た書類はすべてトレイAに入れるだけです。

1日分の書類は、その日の終わり（または翌朝）に、トレイAから別のトレイBに移します。こうすることで、**トレイBは翌日1日の仕事のクローズ・リスト**になります。今日、新たに届いた書類は、トレイAに入れるだけですから、トレイBのクローズ・リストの処理中に、新しい仕事に振り回されることはありません。

メールや留守番電話と同様、「今日中に」処理が必要な緊急の書類がないかのチェックだけは忘れないこと。「明日やる」を原則にして、すばやくチェックします。

## 手間のかかるタスクはプロジェクトになる

仕事のほとんどは、メールや電話、書類などによるコミュニケーションで発生します。相手からのメッセージに何らかの返信メッセージを返して、コミュニケーションを完了させることで仕事も完了します。

しかし、こうしたコミュニケーションが仕事のすべてではありません。「レポートを提出してほしい」とか「プロジェクトを引き受けてほしい」といったメッセージの場合は、返信したからといって仕事が完了するわけではないからです。

これが「タスク」です。プロジェクトの立ち上げ、クライアントの要望、約束、ニーズの発生などがタスクを生み出します。タスクには簡単なものとそうでないものがありますね。

**簡単なタスク**

- 保険会社に見積もりを依頼する
- 机を整理する
- 友人の誕生日プレゼントを買う
- コピー用紙を発注する
- インタビューを手配する
- メールで写真を送る

**手間のかかるタスク**

- 顧客獲得のためのプレゼンテーション資料を作る
- マーケティング・キャンペーンに関するレポートを作る

●新しい研修センターを立ち上げる

「手間のかかるタスク」は〝その場で終わる仕事〟ではありません。

なぜ、すぐに終わらないかといえば、**「手間のかかるタスク」は、細かいタスクの集合体**だからです。

ですから「手間のかかるタスク」は「プロジェクト」と呼ぶのがふさわしいでしょう。**タスクが「より細かいタスク」に分解できるなら、分解する前のタスクはプロジェクト**になります。

例えば「レポートを書く」というタスクがあります。このタスクは、次のように分解が可能です。

●現状を分析する
●アウトラインを設計する
●序文を書く

タスクにするか、プロジェクトにするかはあなた次第です。要は、**一度で終わらせるな**

**らタスクですし、複数のタスクに分解して、一部だけ終わらせるならプロジェクト**です。

最初の「簡単なタスク」のリストをもう一度見てみましょう。このタスクも、簡単ではありますが、分解も可能です。

**時間がない時や抵抗感が大きい時には、タスクの分解がすぐに仕事に取りかかる有効な手段**になります。「簡単なタスク」を分解して、さらに簡単な第1段階のタスクを作ってみましょう。

**「簡単なタスク」の第1段階**

- 保険会社の電話番号を調べる
- 10分間、机の整理をする
- プレゼントの候補を書き出す
- インターネットでコピー用紙の価格を比較する
- インタビューが可能な日を調べる
- 写真をスキャンする

**手間のかかるタスクは、まずは分解して「第1段階」をつかみましょう。**どのプロジェクトでも、「今、何をすればよいか」の答えが第1段階です。当然、それがタスクになります。

## 二等分法——すべての仕事を半分にする

ここで、第1段階を見つける手法として「二等分法」という応用のきくテクニックをご紹介しましょう。

簡単に言えば、**すべての仕事を〝これ以上分けられないところまで分割し続ける〟という作業をした上で仕事に取りかかる**という方法です。

具体的な事例で考えてみましょう。

あなたがネットワーク・マーケティングの仕事を始めようと決断したとします。早速、サプリメントの分野に優れた企業と契約を交わしました。

ビジネスを成長させるには、まず、しっかりした方針を立てる必要があります。しかし、仕事があまりに膨大で、立ちはだかる壁に圧倒されそうに感じます。

ここで二等分法の出番です。

最初に、**仕事の半分を含むカテゴリーを考える**ことです。要は全体をバランスよく二分できる分類法を探すのです（ぴったり半分でなくてもかまいません）。ここで、あなたは「ビジネス知識の習得」と考えたとしましょう。

次に、この「ビジネス知識の習得」をさらに半分に分けます。「ビジネス知識の習得」を半分にできる分類法を探してください。「製品知識の習得」だと思えれば、次のタイトルはそれです。

「製品知識の習得」の半分が「製品カタログを読む」ことなら、それが次のタイトルです。このあたりで行動を開始します。まずは、「製品カタログを読む」ことに取り組みましょう。

**二等分法では、新しいタイトルが、前のタイトルの半分の仕事を表す**ことになります。この各タイトルが、あなたのすべき行動のチェック・リストになっているのがポイントです。

仕事が順調に進んで「製品カタログを読む」が終わったら、そのタイトルを消去しま

## 「二等分法」で「第1段階」を見つける

・ネットワーク・マーケティング
・ビジネス知識の習得

上の仕事の半分となるような
仕事のカテゴリーを考える

・ネットワーク・マーケティング
・ビジネス知識の習得
・製品知識の習得
・製品カタログを読む

さらに、上の仕事の「半分の仕事」を
考えて次の行に記入する。
これ以上半分にできなくなるまで
続ける。

・ネットワーク・マーケティング
・ビジネス知識の習得
・製品知識の習得
~~・製品カタログを読む~~

リストの一番下の仕事が
常に「第1段階」となる。
第1段階に取り組んで、
完了したら、リストから消す。

・ネットワーク・マーケティング
・ビジネス知識の習得
・製品知識の習得
~~・製品カタログを読む~~
・製品の発注

この段階で「第1段階」となった
「製品知識の習得」について
他に半分の仕事がないかを考えて、
リストに追加する。
（このケースでは、「製品の発注」
という仕事を記入した。）

す。二等分法では、リストの最後尾が常に第1段階です。この例では、次に「製品知識の習得」に取りかかることになります。

ここで「製品知識の習得」に関連して、他にやることがないかを考えてみてください。「実際に製品を使って知識を得よう」と考えたら、「製品の発注」をリストの最後尾に加えます。発注が済んだら、同じようにタイトルを消してください。

**二等分法では、抵抗感が問題にならない状態になるまで分割を続ける**のが理想的な方法です。こうして小さく分割した上で、常に第1段階に集中すれば、結局はプロジェクト全体の仕事も集中して実行できることになります。

## タスク・ダイアリーを活用しよう

簡単なタスクでも、プロジェクトの第1段階でも、1日分を集めて、翌日にまとめて処理するという原則は同じです。

メールや書類と違い、タスクは概念です。タスクとして書き出すことで、初めてメールや書類と同様の〝実体〟を与えることになります。

**タスク管理には「1日1ページの日記帳」を使うのが最適。**これを「タスク・ダイアリー」と呼ぶことにしましょう。

タスク・ダイアリーは例えば次のように使います。

**例1　今日、新たに発生したタスクの緊急度を判断する**
**例2　（「今日中に」の必要がなければ）タスクを翌日のページに書き込む**
**例3　1日の終わりに、最終項目の下に線を引く（リストをクローズする）**
**例4　「今日中に」と決断したタスクは、今日のページをクローズする線の下に書き込む**

くり返しになりますが「新たなタスクは翌日に」が原則です。そうやってクローズ・リストを作成して、翌日にそのタスクに取り組むのです。

ただし、緊急に「今日中に」すると決めたタスクはクローズ・リストの下に書き込んで、適当な時間を選んで、その日にやるしかありません。

ここでタスク・ダイアリーのメリットを整理しておきましょう。

**メリット1　新たなタスクに衝動的に反応するのを防ぐことができる**

**メリット2　書くことで「今日中に」か「明日やる」かを、理性的に判断できる**

**メリット3　最終項目の下に線が引いてあるので、その下の仕事は「追加仕事」とわかる（後で「今日中に」の緊急性があったかどうか、評価できる）**

**メリット4　仕事に追われる原因は「クローズ・リスト」にない仕事をした可能性が高い。それをチェックして、自分の仕事の仕方の評価ができる**

**メリット5　緊急でも、重要でもない仕事に飛びつくことがなくなる**

プロジェクトについては、16章でさらに詳しく解説します。ここでは、終わらなかったタスクの対応には2つの方法があることだけをお伝えしておきます。

**方法1　分解して、さらに小さなタスクにする**
**方法2　完了するまで、翌日のリストに再登場させる**

再登場させるのは「少しずつ頻繁に」やるためです。レポートの作成期間が1週間あるなら、まず「レポートを書く」というタスクを明日のページに書き込み、翌日はできるところまで進め、その翌日に再登場させます。
次の章で、タスク・ダイアリーの使い方を、さらに詳しく説明します。

EXERCISE

## 「マニャーナの法則」をマスターする

次の仕事は、どのように処理しますか？「マニャーナの法則」に従って対応を考えてください。

**Q1** ファイルの添付されたメールが届いた。1ヶ月後の会議で、そのファイルに関するコメントを求められている。

**A1** もちろん「今日中に」やる必要はありません。ベストな対処法は、翌日（2日目）メールを読み、添付ファイルを印刷し「トレイA」に入れます。さらに翌日（3日目）添付ファイルを読み、コメントをメモします。さらにコメントできそうなら、ファイルをトレイAに戻します。納得できるまでこれをくり返してください。

Q2 クライアントとのビジネスランチから戻った。製品カタログをもらい、その場で引き受けた仕事についてはメモを取った。

A2 オフィスに戻ったらすぐカバンから製品カタログとメモをトレイAに移しましょう。当日はそれで充分です。
翌日（2日目）製品カタログとメモを読みます（理解できるまで「再登場」させてください）。必要なアクションが見つかったら、さらに翌日（3日目）のタスク・ダイアリーに記入します。

Q3 週刊の専門誌を読み切れていない。2ヶ月分もためてしまった。

A3 「やり残し」の典型です。最新号のみトレイAに入れ、その他は見えないところに置くか、思い切って捨ててください。

Q4 書類を整理しようとしたところ、ファイルがいっぱいでこれ以上入らない。

A4 明日のタスク・ダイアリーに「ファイルを整理する」と書き込んでください。

Q5 職場の仲間からメール。「絶対面白いから、このウェブサイトを見てほしい」とサイトアドレスが送られてきた。

A5 明日のタスク・ダイアリーに「仲間の勧めるサイトを見る」と書き込んでください。

Q6 上司から「明日、クライアントとミーティングする手配をしろ」と指示された。

A6 今日のページの線の下に「クライアントとのミーティングを手配する」と書き込み、時間を見つけて実行します。

Q7 今年はクリスマスの買い物を早めにすることに決めた。

A7 クリスマスの買い物をするために、「まず何をすればよいのか?」の「第1段階」を考え、答えを翌日のページに書き込んでください。

**Q8** 大きなプロジェクトを手がけたいが、アイデアがまだ漠然としている。

**A8** 明日のページの項目に「プロジェクトについて考える」を加えてください。

## CHAPTER 09 まとめ

- 「マニャーナの法則」の原則は次の2つ。1つは「新しく発生した仕事は『明日やる』を基本にする」、もう1つは「クローズ・リストを使う」である。
- 「マニャーナの法則」の根底にあるのは「明日まで待てないほど緊急な仕事はない」という考え方。常に仕事に1日分のバッファー・ゾーンを設ける。
- 手間のかかるタスクは、細かいタスクの集合体、すなわちプロジェクトである。手間のかかるタスクをより細かいタスクに分解し「第1段階」のタスクを抽出できれば、抵抗感が大きい仕事に取りかかる有効な手段になる。

CHAPTER

# 10

# タスク・ダイアリーとデイリー・タスク

9章では究極の仕事術「マニャーナの法則」をご紹介しました。新たに発生したタスクはタスク・ダイアリーの翌日のページに書き込み、翌日に処理するのが原則でしたね。

この章ではタスク・ダイアリーについてさらに詳しく説明していきます。

私のタスク・ダイアリーは、たいていの文具店に置いてある1日1ページの1年用の日記帳です。

また、タスクとアポイントメントの混乱を避けるため、タスク・ダイアリーとは別にスケジュール帳を使っています。もっともこれは個人の好み次第です。1冊に両方の目的を兼ねさせてもいいでしょう。

## タスク・ダイアリー使用例

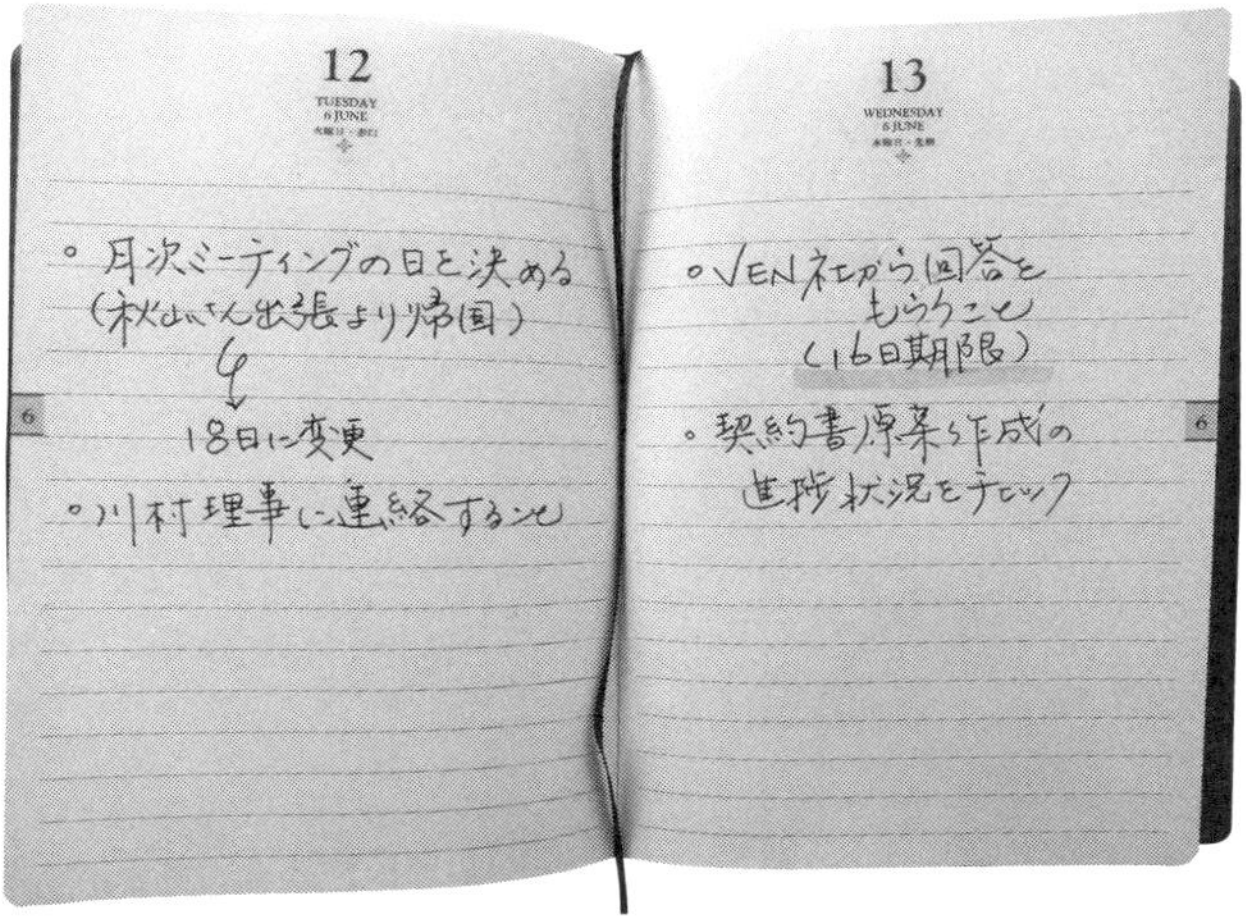

電子媒体を使うかどうかも個人の好みです。私は手書きの感覚が好きなので紙の日記帳を使いますが、パソコンやスマートフォンのカレンダー機能でもまったく問題はありません。

## タスク・ダイアリーに書くのは3種類の仕事だけ

これまでにお話ししたタスク・ダイアリーの用途は、次の2つでした。

**用途1　「明日やる」タスクを、明日のページに書きとめる**
**用途2　「今日中に」する緊急のタスクを、今日のクローズ・リストの下に書きとめる**

仕事の中には「今日中に」でも「明日やる」でもないものがあります。例えば「Aさんに電話をする」でも、Aさんが来週の火曜日まで不在の場合は、明日のページに「Aさんに電話をする」と書いてもしかたありません。

こうした場合は、来週の火曜日のページに「Aさんに電話をする」と記入します。こうすることでタスク・ダイアリーは、明日以降の特定日の仕事にも使えることになります。

こうなるとタスク・ダイアリーの今日のページには、次の3種類のタスクが記入されていることになります。

タスク1　前日より前に予定されたタスク（クローズ・リストのタスク）
タスク2　前日に発生した新たなタスク（クローズ・リストのタスク）
タスク3　今日発生した緊急のタスク（クローズ・リストの下に追加されたタスク）

## 毎日の仕事にはデイリー・タスク・リストで対処する

実はタスク・ダイアリーで管理するのに向いていない仕事があります。それは「毎日必ずする（あるいは週に何度かする）」定期的な仕事です。こうしたパターンの決まった仕事が多い人は、毎日タスク・ダイアリーに記入するのはわずらわしいでしょう。

**毎日のパターンが決まった仕事は、別に「デイリー・タスク・リスト」を作るとよい**はずです。具体的なデイリー・タスク・リストの実例を挙げてみましょう。

## ■例1　退社時要チェック作業リスト

退社する時に、毎日するべきことのリストです。例えば、以下のような項目をリストに書いておくと便利ですし、やり残しもなく安心できます。

- ●机を整理する
- ●データのバックアップを取る
- ●ファイルを元の場所に戻す
- ●ゴミ箱のゴミを捨てる
- ●警備のスイッチを入れる

## ■例2　毎日片づけるべき仕事リスト

ため込んで処理するよりも、毎日着実に進めておく方がよい仕事があります。

例えば、個人事業主の場合、領収書や請求書が毎日出るはずです。その都度、処理していれば簡単な作業ですが、それを年1回にしてしまうと、とても大がかりな作業になってしまいます。紛失や記憶違いも避けられません。

同様の例が、経費の処理です。これも毎日しておけば簡単な作業ですが、ため込んでしまうと見るのも嫌になるでしょう。勤務時間や生産台数などの記録も、毎日の処理が欠かせません。

### ■例3　毎日少しずつ進めたい仕事リスト

あなたが長期的に達成したい目標や、人生の充実のためにやることをリストにしておきましょう。例えば、読書、運動、執筆などです。「少しずつ頻繁に」の原則に従うことで、いつか大きな成果を手にすることになるでしょう。

### ■例4　くり返し行う仕事リスト

くり返してするべき仕事です。毎日のものも、週1回のものもあるでしょう。オフィスの掃除がこの典型です。仕事場を月曜日に、キッチンを火曜日にといった具合です。

同じ手法は、机や棚、ファイルの整理にも使えます。

デイリー・タスク・リストにはさまざまな使い道があります。

ただし、**手間や時間のかかる仕事はデイリー・タスクにはふさわしくありません。**「簡単に片づく仕事」だけに使いましょう。

## EXERCISE タスク・ダイアリーを使いこなす

以下の仕事はタスク・ダイアリーやデイリー・タスクを使って、どう処理するのが適切でしょうか。それぞれ考えてみてください。

**Q1** シャワーを浴びている時、すばらしいアイデアが浮かんだ。以前にもあったことだが、何もせずにいたので、そのアイデアを忘れてしまった。

**A1** 大切なのは、忘れる前にアイデアを記録することです。ノートでも手近な紙切れでもよいので、とにかく書きとめましょう。録音してもかまいません。とにかくメモを残しておいて、その後でタスク・ダイアリーに「メモしたアイデアについて考える」と記入してください。

**Q2**
複数のプロジェクトを抱えている。あるプロジェクトを少し進めて、別のプロジェクトをチェックすると、前のプロジェクトのことを忘れてしまう。そのせいでプロジェクトが望まない方向に進んでしまうことがある。

**A2**
タスク・ダイアリーですべてのプロジェクトのチェックをスケジュール化しましょう。

**Q3**
日記は当日分しか見ないので、結婚記念日をよく忘れる。気づいた時にはもう遅い。

**A3**
記念日の2週間前のページに「結婚記念日の準備」と書いておきましょう。

**Q4**
同僚の留守番電話に伝言メッセージを残した。2～3週間後に必要な情報だ。

**A4**
しばらくはその情報は不要ですが、至急必要になってからでは手遅れかもしれません。タスク・ダイアリーの2～3日先のページに「同僚からの回答をチェック」と書いておきましょう。

Q5
ここ数週間、仕事の予定を入れすぎて、仕事をためてしまった。今日は時間があるのだが、どこから手をつけてよいかわからない。

A5
こうしたケースは、タスク・ダイアリーの数日分（場合によっては数週間分）に分けて書き込むことで対処しましょう。
緊急な仕事は今日、その他は明日以降のページに記入します。その際は、くれぐれも1日分の予定を入れすぎないこと。充分な時間を確保しましょう。

Q6
毎週、クライアントにメールでニュースレターを送っている。

A6
デイリー・タスク・リストに「ニュースレターを書く」と記入しましょう。
この手の文章は、週に一度まとめて書くより、毎日少しずつ書き進めて、自然に仕上がるようにしておく方がよいからです。

## CHAPTER 10 まとめ

● タスク・ダイアリーの今日のページには3種類のタスクが記入されている。

1 前日より前に予定されたタスク

2 前日に発生した新たなタスク

3 今日発生した緊急のタスク

● 毎日発生する仕事はデイリー・タスク・リストで管理する。

CHAPTER

# 11

# 最優先の仕事をファースト・タスクにする

さて、ここまででメール、電話、書類、タスク、デイリー・タスクの対処法がわかりました。「これで仕事は全部カバーできた！」と言いたいところですが、まだ不十分です。

実は、これらはすべて〝受け身の仕事〟です。あなた自身の成長のためにも〝自主的に取り組む仕事〟に時間を割く必要があります。

そのために、この章では「ファースト・タスク」という考え方を紹介しましょう。

## ファースト・タスク——「最も進めたい仕事」に最初に取り組む

ファースト・タスクは、あなたが「今、最も進めたい仕事」です。**メール、留守番電話、書類、タスク、デイリー・タスク……これらすべてを差し置いて、毎日の最初に行い、そこから1日をスタートさせるのが望ましい仕事**です。

具体的に、このファースト・タスクはどう進めればよいのでしょうか。以下の順番で詳しくお話ししましょう。

**原則1　とにかく、する（Do）**
**原則2　一番初めに、する（First）**
**原則3　毎日、する（Every day）**

## ■原則1　とにかく、する(Do)

仕事を終わらせるには、仕事を「する」しかありません。

多くのドクターの卵が「論文が書けない」と私のところにコーチングを受けにくるのですが、「どのくらい前から書いていないのか?」と質問すると「何週間、何ヶ月も前からだ」と答えます。

そこで私は「簡単なことでいいから、毎日、論文を仕上げるために何かしてみては?」とアドバイスすると、それで問題はだいたい解決してしまいます。

つまり、**毎日、ほんの少しでもファースト・タスクを手がければよいのです。量は問題ではありません。**何もしなければ仕事は進まないままなのです。

一気に進む日もあれば、ほとんど進まない日もあるでしょう。しかしファースト・タスクにしておけば、日々、少しずつでも必ず先に進みます。

気分が乗らない時でも、取りかかりさえすれば、実際には思った以上に仕事に取り組めるもの。もちろん、5分でやめても問題ありません。成功への一歩を進んだことに違いはないのですから。

これがファースト・タスクの第1の原則「とにかく、する」ということです。

## ■原則2　一番初めに、する(First)

ファースト・タスクになるくらいですから、あなたにとって大切な仕事であることはもちろんですが、「つらいから手をつけたくない」と放っておきたくなるような恐怖感のある仕事でもある可能性があります。

例えば今、あなたがレポートの作成をためらっているとします。「明日こそ3時間は書こう」と心に決めて、翌朝、やる気満々でオフィスに行きます。ところが、席に着くと、まずはコーヒーを片手にパソコンでメールをチェック。それから、上司にご機嫌をうかがうついでに仕事の報告、それが終わったら、同僚に「誕生日おめでとう」と挨拶します。そうこうしているうちに気がつけば時刻は午後4時。レポートを書き始めるには遅すぎるので「明日こそ必ず3時間」と決意はするものの、昨日も同じパターンだったことを思い出し、思わずため息が……。

こうした事態を防ぐためにも、**朝、何よりも先に、たった5分間でもよい**ので、とにかくレポートを書くことです。

オフィスに出社↓パソコンをONにする↓レポートを書き始める。それだけです。

ファースト・タスクは、朝一番を逃すと、まずその日のうちにはできないと思ってください。

これがファースト・タスクの第2の原則「一番初めに、する」ということです。

## ■原則3　毎日、する（Every day）

「少しずつ頻繁に」の効用は、本書で何回か触れてきました。**ファースト・タスクこそがまさに「少しずつ頻繁に」やるべき仕事**です。

とにかく「毎日」やることが大切、「毎日」の定義はあなた次第です。1週間に7日という場合もあれば、週末を除いた週5日の場合もあるでしょう。大切なのは、あなたが決めたとおりに〝毎日、欠かさず〟やることです。

ただし、毎日の目標が大きくなってしまわないように気をつけましょう。例えば「毎日レポートを3時間書く」といった目標では、そもそも無理があります。

3時間と考えるだけで、その目標の重みに意気消沈しませんか？ **「5分間だけでもいい」と思うから、毎日朝一番に取り組める**のです。5分間なら、できないことの言い訳は作れません。

旅行や出張中に取り組むのが難しいなら、はじめから「オフィスで仕事をする日、毎日」と決めておけば問題ありません。

できない日は前もって決めておくこと。その日になって「できない」というのは認められません。いくら言い訳をしても、あなた自身が「失敗した」と認識することになるからです。失敗は失敗を生み、成功は成功をさらに拡大します。**ファースト・タスクの達成には、成功体験の積み重ねが大切**なのです。

気分が乗る日はやれるだけ、調子の出ない日は5分間でかまいません。「毎日」する効果は、あなたの期待をはるかに超えるものです。

これが、ファースト・タスクの第3の原則、「毎日、する」ということです。

EXERCISE

## ファースト・タスクで目標を実現する

次のそれぞれのケースはファースト・タスクの目標設定として適切でしょうか?

Q1 仕事の前に毎日5キロ走る。

A1 不適切です。目標が大きすぎるのは致命的な問題。いつかは必ず重荷になります。5キロを3キロにしても継続は困難でしょう。目標は「ジョギングができる服装で毎朝外に出る」で充分です。外に出れば走りたくなるもの。仮に外に出たけれど嫌になって部屋に戻っても、成功への第一歩です。

Q2 毎日、最低1時間はフランス語の勉強をする。

A2 不適切です。「毎日、最低1時間」ではいつかは挫折するおそれがあります。

目標は「フランス語にかかわることを、夜、決まった時間にやる」というぐらいで充分です。小さい目標でも、できればうれしくなって、続けたくなるからです。

Q3
毎日、新しいクライアント5人に電話をする。

A3
不適切です。誰でも「毎日、初めての相手5人に電話をする」のは、気が重いでしょう。この場合の目標は「毎日、5人の電話番号リストを作る」くらいで充分です。リストができれば「電話をかけよう」という気持ちが高まる可能性もあります。

## ファースト・タスクは1つだけ

ファースト・タスクはいくつ選べばよいのでしょうか？

答えは1つです。毎朝最初にできる仕事は1つしかありません。**ファースト・タスクは**

**常に1つ。これが成功への道**です。

では、ファースト・タスクはいつまで続けるべきか？

答えは「終わるまで」です。「終わり」の定義を明確にしてから取り組んでください。

最後にファースト・タスクがどんな仕事に向いているかを説明します。

ファースト・タスクにする仕事に決まりはありませんが、私の経験から言うと、次の3つが最もふさわしいと思います。

**例1　仕事の「やり残し」を片づける**
**例2　仕事のシステムを修正する**
**例3　プロジェクトを進める**

それぞれを詳しく見ていきましょう。

## ■1　仕事の「やり残し」を片づける

「やり残し」の仕事がたまってしまったら、ファースト・タスクにして処理することをおすすめします。

仕事の「やり残し」は気持ちを滅入らせ、他の仕事にも悪影響を与えます。ファースト・タスクで処理して、気分を一新しましょう。

まず、「やり残し」の仕事をクローズ・リストにします。そして毎朝一番に「やり残し」の山を切り崩して、リストを短くしましょう。

これで、新しい仕事にも新鮮な気持ちで取り組めるようになります。「やり残し」の処理が進めば進むほど、エネルギーが湧いてくるでしょう。

ただし、「やり残し」の仕事が積み上がった原因は、必ずつきとめてください。

## ■2　仕事のシステムを改善する

本来、仕事のシステムとは仕事をスムーズに進めるためのものです。ですから、システム自体がブレーキになっていたら問題です。

例えば、事業を立ち上げる場合を考えてみましょう。

新規事業では、どのくらい顧客を集められるかが重要です。事業が軌道に乗ったら、最大どのくらいの顧客に対応できるかはあらかじめ考えておく必要があります。

「どのくらいまで対応できるか」はシステムの良し悪しにかかっており、この時点でシステムが適正でないと、売り上げは伸びません。

問題が発生する以前にシステムが改良されている状態こそが理想ですが、実際のところ将来を予想することは難しく、問題がないか気を配るくらいがせいぜいです。

ですから、システムの欠陥を見つけたら「システムを直す」ことをファースト・タスクにしてください。システムの改善は見返りが大きいものです。

## ■3 プロジェクトを進める

プロジェクトなら必ずファースト・タスクになるわけではありません。ファースト・タスクにしなくても進められるプロジェクトはたくさんあります。

さらに、プロジェクトには特に重要な時期が必ずあります。プロジェクトのスタート時期がまさにその典型でしょう。

私の場合、ホームページの立ち上げ、セミナーの企画、確定申告などのプロジェクトを、特定の期間を決めてファースト・タスクとして処理します。

逆に、外国語の習得、執筆、ダイエット、楽器の練習など、同じことをくり返すプロジェクトはファースト・タスクには向いていません。このことについては16章でお話ししましょう。

EXERCISE

## 適切な仕事をファースト・タスクに選ぶ

次のうちファースト・タスクにふさわしいものはどれでしょうか？

**Q1**

1月のある日、上司から「夏のパーティー」の開催責任者を務めるように指示された。地元の名士まで集める大きなパーティーだ。

**A1**

当面はファースト・タスクにするべきです。プロジェクトは立ち上げが一番大変。実施計画の作成、委員会の設置、予算の確保、招待者リストの作成、会場の選定あたりまではファースト・タスクとして進めた方がよいでしょう。

無事にプロジェクトが立ち上がれば、多少仕事量が増えても、通常のタスクとして処理できるようになります。

パーティー当日が近づいたら、このプロジェクトをファースト・タスクに復活させ、準備に拍車をかけるようにしましょう。

**Q2**
あなたは会社の経営者です。顧客を増やさなければならないが、時間がまったくないのが問題だと悩んでいます。

**A2**
マーケティングやセールスプランの立案が必要です。これはまさにファースト・タスクに適したプロジェクトです。

**Q3**
新製品を発売したら、早速、新規の顧客から大口の注文が入った。

**A3**
こうした状況への対応は、発売前に整備されているはずです。システムに欠陥がない限り、これをファースト・タスクにする必要はありません。

**Q4**
新しいカタログのデザイン作業が遅れている。

**A4**
これこそファースト・タスクにするべきです。

**Q5**
2ヶ月前に書いたメモを探すのに半日かかった。

**A5**
仕事のシステムに問題があります。ファースト・タスクでファイリングのシステムを改善しましょう。

## CHAPTER 11 まとめ

●ファースト・タスクは毎日、朝一番に取り組むのが望ましい仕事。5分間でもいいので毎日やる。

●ファースト・タスクは「とにかく、する」「一番初めに、する」「毎日、する」が原則。

●ファースト・タスクには、次の3つの仕事が最もふさわしい。

1　仕事の「やり残し」を片づける

2　仕事のシステムを改善する

3　プロジェクトを進める

CHAPTE

12

# WILL DOリスト vs TO DOリスト

## TO DOリストの問題を解決する WILL DOリスト

TO DOリストがうまく機能しないで悩んでいる人は多いはずです。終わった仕事の項目を消すよりも、新しい仕事がリストに加わるペースの方が早く、リストが拡大するばかりという経験はあなたにもあるのではないでしょうか。

とくに、チャレンジングで手のつけにくい仕事が、毎日翌日にくり越されるようなら、これは一大事です。

| WILL DOリスト | TO DOリスト |
|---|---|
| クローズ・リスト | オープン・リスト |
| その日に「必ずする」と決めた仕事 | なるべく、その日に「やるつもり」の仕事 |
| 毎日、完了させる | 毎日、完了するとは限らない |
| 仕事ごとに複数のクローズ・リストができる | それぞれ独立した仕事の雑多な集まり |
| 原則として、仕事の追加はない | 常に新しい項目が追加される |
| 今日やるべき仕事のみ | さまざまな時期の仕事 |
| 類似の仕事を一括処理する | 決まりはない。バラバラに処理する |
| 効率がよい | 効率が悪い |

ＴＯ ＤＯリストとは、その日に「するつもり」のオープン・リストです。しかし、**理想のリストとは「必ずする」とコミットした仕事だけのクローズ・リスト**です。

本来、リスト化する目的は「やるべき仕事を書き出して、毎日それをすべて消す」ことのはず。ですから、リストを書く時には、どの仕事がやるべき仕事で、そのためにどのくらい時間があるかを検討する必要があります。

あなたに必要なのは〝するつもりリスト〟のＴＯ ＤＯリストではなく〝すると決めたリスト〟のＷＩＬＬ ＤＯリストなのです。

両者の最大の違いはＷＩＬＬ ＤＯリ

ストはクローズ・リストであること。

**その日にすることを決めたら、それを終えるまで仕事を加えてはいけません。**クローズ・リストが、効率の面でもオープン・リストを上回るのは前にお話ししたとおりです。

## WILL DOリストにリストアップする仕事とは？

WILL DOリストは、クローズ・リスト方式の簡単なリストです。その中身は次の6種類のタスクです。

**1 ファースト・タスク**
**2 （昨日の）メールへの対応**
**3 （昨日の）電話への対応**
**4 （昨日の）書類の処理**
**5 すぐに完了する仕事**
**6 デイリー・タスク**

次に、私のＷＩＬＬ　ＤＯリストをサンプルとしてご紹介します。項目の後の番号で、それぞれが６種類のタスクのどれに当たるかわかるようにしておきました。

●本棚を整理する（1）
●（昨日の）メールに対応する（2）
●（昨日の）電話メッセージに対応する（3）
●（昨日の）書類を読む（4）
●セミナーの広告を作成する（5）
●セミナーの詳細をホームページに載せる（5）
●明日の打ち合わせの準備をする（5）
●12月の電話相談を開催するかどうか決める（5）
●Nさんの誕生日プレゼントを買う（5）
●「アマゾン」用の自著プロフィールを作成する（5）
●ホームページのニュース記事を更新する（5）
●住所録を見つける（5）

●ニュージーランド旅行用のビザを取得する（5）
●チケット代を支払う（5）
●委員会の議事録を作成する（5）
●ニュースレターを書く（6）
●資料のバックアップを取る（6）
●雑誌を読む（6）
●机を整理する（6）
●床をきれいにする（6）
●明日のリストを作成する（6）

パソコンやスマートフォンでＷＩＬＬ ＤＯリストを管理する方なら、スタンダード版のＷＩＬＬ ＤＯリストを保存しておいて、毎日、多少の手直しをすればよいでしょう。

## WILL DOリスト記入例

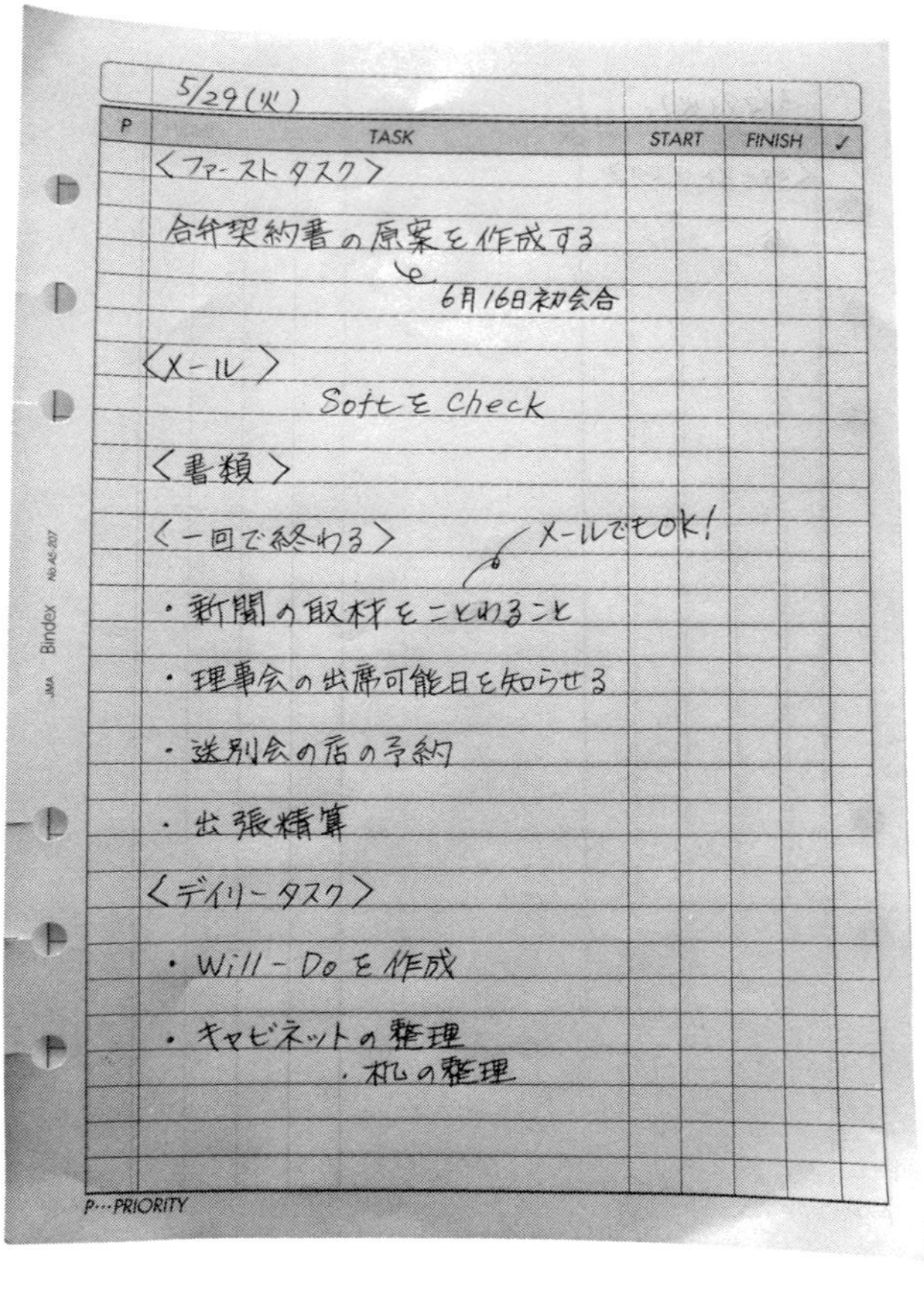
5/29(火)
P
TASK
START
FINISH
✓
〈ファーストタスク〉
合弁契約書の原案を作成する
6月16日初会合
〈メール〉
SoftをCheck
〈書類〉
〈一回で終わる〉
メールでもOK!
・新聞の取材をことわること
・理事会の出席可能日を知らせる
・送別会の店の予約
・出張精算
〈デイリータスク〉
・Will-Doを作成
・キャビネットの整理
・机の整理
Bindex
P…PRIORITY

## WILL DOリストを使いこなす

WILL DOリストの主な部分は、昨日発生した仕事（メール、書類、タスクなど）です。1日分の仕事としてコミットしているのなら1日で終わるはずです。**処理する順番はファースト・タスクが最初で「明日のリスト作成」が最後です。それ以外はまったく自由。**

### ■すべての仕事を完了できない場合

翌日、会議や出張などで時間が足りずWILL DOリストを完了できそうもない時には、どうすればよいでしょうか？

答えは、いつもどおりリストを作成し、翌日は「できるところまでやる」ことです。残ったタスクは翌日以降へくり越します。ただし、1日の仕事が増えすぎないようにしてください。**特に緊急なもの以外は何日かに分けてくり越す**のがおすすめです。

ただし、ファースト・タスクは、出張中で余裕が5分しかないとしても、必ず手がけるようにしてください。

メール、留守番電話、書類など、コミュニケーションにかかわる仕事は、1日休むと2日分まとめた処理が発生します。しかし、一括処理すれば大きな負担にはならないでしょう。

大切なのは、とにかく、**リストにある仕事は確実に1日で終えるよう常に心がける**ことです。

完了できない日が続くなら、対策が必要です。仮にこれを放っておけばクローズ・リスト方式は崩れ、問題だらけのオープン・リスト方式に戻ってしまいます。

休暇などでオフィスを空ける場合は、オフィスに戻った後の日に予定をつめ込まないようにしましょう。そうでないと遅れを挽回できませんし、予定外の仕事が発生した場合には、処理ができなくなってしまいます。

そこで次の章では、仕事に遅れを感じたらどうするかについて、具体的な対処法を詳しく説明します。

EXERCISE

# WILL DOリストを使いこなす

次のそれぞれの仕事は、どうやってWILL DOリストに取り入れますか?

Q1 休暇から戻ると、パソコンに大量のメールが届いていた。電話のメモや郵便物もいっぱいだ。

A1 休暇の間に発生した仕事はファースト・タスクとして処理します。休暇に入る前に、休み明けの最初の仕事は「やり残し」の処理だと決めておきましょう。

Q2 会社を出る前に、ファイルのキャビネットに鍵をかけるのをよく忘れてしまう。

A2 鍵をかけることをデイリー・タスクの最後の項目としておきましょう。

Q3 大きな添付ファイルのついたメールが届いた。ファイルを読んで、数日後に回答しなければならない。

A3
添付ファイルを印刷し、書類受けのトレイAに入れておきましょう。必要なアクションが終わるまで処理をくり返してください。

Q4
娘の学校から電話。体調が悪いようなので迎えに来てほしいとのこと。

A4
かけ値なしの緊急事態です。今すぐ学校に向かってください。リストに書く必要もありません。

Q5
週末の研修から戻った。事業に取り入れたいアイデアがたくさんある。

A5
「週末の研修で手に入れたアイデアについて考える」とタスク・ダイアリーに記入しましょう。仕事の達人なら、研修に行く前から記入しているはずです。

Q6
新製品に関するアイデアが浮かんだが、どうしてよいかわからない。

A6
2～3週間先のタスク・ダイアリーに書き込んで、進行状況をチェックすることにしておきましょう。

**Q7** 「来週が期限のレポートだが、状況が変わって今日の定時までに欲しい」と上司の厳しい指示が来た。

**A7** 「ダスク・ダイアリー」の最後に引いた線の下に記入し、今日、時間を見て処理しましょう。

**Q8** 昼休みに新聞を読んでいると、ある俳優の公演がすばらしいとの評があった。ぜひ観たいと思う。

**A8** 明日のタスク・ダイアリーに「席を予約する」と記入しましょう。

## CHAPTER 12 まとめ

●WILL DOリストとは、「必ずする」とコミットした仕事だけのクローズ・リスト。その日にすることを決めたら、それを終えるまで仕事を加えない。

●WILL DOリストには、次の6種類の仕事が含まれる。
①ファースト・タスク ②メールへの対応 ③電話への対応
④書類の整理 ⑤すぐに完了する仕事 ⑥デイリー・タスク

●1日で「必ずする」とコミットしているなら、仕事に優先順位をつける必要はない。朝一番のファースト・タスクと1日の終わりの「明日のリスト作成」だけ決めれば充分。

# 第 3 部

# さらに優れたシステムへ

ADVANCED SYSTEMS

CHAPTER

# 13

# 大切な仕事の先送りをなくす

誰でも、プレッシャーのかかる仕事を前にしたり、仕事の遅れで気が滅入ってくると「後でやろう」と仕事の先送りをしてしまうものです。

反対に仕事が順調なら、気持ちも前向きになって、仕事の先送りは少なくなります。WILL DOリストを使い始めると、仕事の先送りはほとんどなくなります。しかし、完璧というわけではありません。

そこで、この章では〝仕事の先送り対策〟を集中して考えていきます。

# 仕事の先送りを防ぐ8つの方法

仕事の先送りについては「防止法」と「対処法」の2つの側面から考える必要があります。ここでは、まずは防止法について見ていきましょう。

「先送りの防止法」には8つの有効な対策があります。それでは、これらを詳しく見ていきましょう。

## ■対策1　採点方式で、毎日の仕事を終わらせる

WILL DOリストの項目がすべて終われば、その日は1ポイント獲得です。できなければ、1ポイント減点としてください。出張など特別の日は、採点対象外としてもかまいません。しかし、どの日が採点の対象外かは事前に決定しておきましょう。

1ヶ月ごとに点数を合計し、今月、何点取れるかにチャレンジしてみましょう。毎日の結果を日記に記録しておけば、励みになります。どの程度、仕事を完了させられているかをチェックするときにも、この採点方式はおすすめできます。

■対策2　「ダッシュ法」を使う

文字どおり「一定時間、ダッシュするように働く」という方法です。実は、先送り防止に最も役立つ決定的に重要な手法がこれです。

とても重要ですので、今回の完全版では新たに章を立てました。このあとの14章と15章で詳しく説明します。

■対策3　計画的に休憩を取る

休憩を取るか取らないかで仕事の成果は違ってきます。

ダッシュ法が有効なのは、集中力を高める効果が高いからですが、休憩も同じ。大切なのは、休憩の開始と終了時間を決めておくこと。時間を決めずに休むよりリフレッシュ効果は大きくなります。

■対策4　しっかりランチを取る

「忙しいからランチ抜きにしよう」などと考えないこと。結果はマイナスです。

リラックスする時間を減らせば、集中力は低下し、仕事の効率は下がる一方です。ランチに多少の休憩を加えれば効果は絶大。

この場合も、ランチ休憩の開始と終了時間をきちんと決めておくことです。

## ■対策5 仕事の終了時間を決める

毎日、決めた時間に仕事を終了すると、成果は大きく違ってきます。さらに、これができれば、プライベートな時間の損失も防ぐことができます。

何時に終了するかは、ランチタイム同様、あなた次第です。ここでも大切なのは、時間になったら必ず仕事をやめると決めておくことです。

## ■対策6 仕事の途中で休憩を取る

休憩がすべてよいわけではありません。予定にない休憩を取れば、仕事に戻るのが嫌になることもあります。

疲労感や集中力の低下を感じたら休憩を取ってよいのですが、一度休むと、仕事に戻りたくなくなることがあります。そのおそれがある場合は、次の考え方で対処しましょう。

人間の精神は完璧を追い求める傾向があるので、この性質を利用します。

「休憩したいな」と思った場合「仕事のきりのよいところまでがんばろう」と考え、そこまでやって休憩するというパターンの人が多いのではないでしょうか。

しかし、このやり方はマイナスです。きりのいいところまで仕事を終わらせると、脳に「仕事は終わった」という認識を与えてしまい、完璧を求める欲求が消えてしまいます。その結果、仕事を再開するのが難しくなってしまうのです。

そこで、無理にでも仕事の途中で中断して休憩に入りましょう。こうなると、脳は「仕事は終わっていない」と認識します。つまり「仕事に戻りたくて仕方がない」という気分になりますから、仕事への復帰が楽になります。

**「いつ休むか」のベストのタイミングは「新しい仕事を始めてすぐ」**です。ですから、「新しい仕事に着手してから、休憩を取る」をルールにしてください。

## ■ 対策7　気分と充実感を意識する

仕事の先送り、ストレス、プレッシャー、疲労……こうしたマイナス要因を1つでも抱えてしまうと、気分は充実しません。逆に、気分さえ充実していれば、先送りもストレスもプレッシャーも疲労もなくなります。

つまり、**常に自分の気分を理解しておくことが、先送りを防止する大切なポイント**です。

「気分を理解しておくとはどういうこと?」と思われるかもしれませんが、ここは簡単に考えて大丈夫です。まずは練習をしてみましょう。

本書を読み進むのを一休みして、自分に「今の気分は?」と問いかけてみてください。答えは10点満点で出してみましょう。

緊張していたり、落ち着かないなら4点、予定以上に仕事が進んでいるなら8点、という風に難しく考えず、頭に数字を思い浮かべてください。

さて、あなたの今の気分は何点でしたか?

「充実とは何か?」という疑問もあるはずです。これも、あえて定義しません。「今、どの程度、充実感があるか?」を単純に考え、答えを出してください。

こう考えることで「どうすれば充実するか」「その要素は何か」が見えてきます。定義にはこだわらず、この練習を続けて、自分なりの「充実」の意味を理解していけばよいでしょう。それがあなたの「充実」の定義になります。

特別な努力をする必要もありません。気分の変化が理解できれば充分。それが気分を意識することにつながり、自然に気分を充実させられるようになります。

さて、ここでもう一度「今の気分は？」と自分に問いかけてみてください。多少、点数がよくなっていませんか？　もしそうなら、気分が意識できたからです。もちろん、点数が変わらなくても気にすることはありません。

## ■対策8　〝衝動の脳〟をダマす

1章でお話ししたように、〝理性の脳〟が計画を作り〝衝動の脳〟はそれに抵抗します。ただし、〝衝動の脳〟はウソを見抜けません。この特性を利用し〝衝動の脳〟をダマして、抵抗力をなくすことができます。

ウソをつけるのが〝理性の脳〟の強み。観念的な思考ができない〝衝動の脳〟にはこんな芸当はできません。衝動の脳に「そんな仕事はしない」あるいは「ちょっとだけしかしない」と思わせ、抵抗力を弱めた上で仕事を始めてしまいましょう。

1章の復習になりますが、「仕事をするわけじゃない。ちょっと見るだけだ」と声に出してみるのです。他にもこんなセリフが有効でしょう。

「今、レポートを書くわけじゃない。ちょっとファイルを取り出すだけだ」

「今、怒っているお客さんに電話をするわけじゃない。電話番号を調べるだけだ」
「今、机の整理をするわけじゃない。クリップを定位置に戻すだけだ」

**何かきっかけになる行動を起こせれば、第1関門は突破**です。これで、次の行動に自然につなげることができます。

## 先送りがたまったら、システムの復旧で対処する

ここまでは、仕事の先送りの防止についてお話ししてきました。これでWILL DOリストの完了は保証されたようなものです。

しかし、先送りが重なってしまい、システム崩壊の危機の日が来ないとも限りません。その場合に備え、すばやく事態を復旧させる対処法を学んでおきましょう。

先送りの仕事が積み重なってしまったら、そこで自分を責めても何にもなりません。ここは自分を責めずに、仕事のシステムの回復に集中することです。

そのためには、何をおいても明日のＷＩＬＬ ＤＯリストを作成することが必須。「忙しくてリストを作る時間なんてない」と思うでしょうが、それこそシステム崩壊につながる道です。

今日がどんなにひどい日でも、どれだけ仕事の先送りが重なっても、**ＷＩＬＬ ＤＯリストに取り組めれば、いつでも新しい１日を迎えることができる**はずです。

ＷＩＬＬ ＤＯリストを作らなければ、場当たり的な仕事をするしかありません。そうなれば、その翌日のリストを作るのも不可能です。

最後に「段階的なシステムの復旧法」についてお話ししておきます。システムが崩壊寸前だとしても、これさえ実行できれば、必ずリズムを取り戻せるはずです。

**■第１段階　ＷＩＬＬ ＤＯリストを作成する**

まず、今日発生した仕事を明日処理するペースを取り戻してください。これで、今日発生した新しい仕事への対応が可能となります。

**■第２段階　やり残しの仕事をファースト・タスクにする**

仕事の遅れが深刻なら、仕事の「やり残し」をファースト・タスクにして処理してください。これで少しずつでも、必ず遅れを取り戻せます。

## ■第3段階 システムを点検する

ここまでの対応をしてから、あなたの仕事のシステム全体を見直して、問題点がないか点検しましょう。

あなたは充分、効率よく働けているでしょうか？

あなたは仕事を抱えすぎてはいないでしょうか？

あなたは仕事のために充分な時間を確保しているでしょうか？

EXERCISE

## タイム・マネジメントの失敗・混乱に対処する

次のような場合、どうすればよいでしょうか？　それぞれのケースへの対処法を考えてみてください。

Q1 いつも机の整理ができていない。何とかしようといろいろがんばってはみたが、どれも続かなかった。

**A1** 必ずしも机が整理されていないのが悪いとは限りません。問題は、仕事ができる状態にあるかどうかです。デイリー・タスクの項目に「机の整理」を加えておけば充分。毎日、短時間でも整理すれば、机は間違いなくきれいになるでしょう。

**Q2** いろいろな仕事術を試したけれど、いつも、うまくいくのは1週間程度。それ以上は機能してくれない。

**A2** 仕事のシステムがないことが原因です。その場しのぎの方法で、再挑戦してもムダ。まずはWILL DOリストの作成に注力してください。その上で、次のステップを考えることです。

**Q3** もっとよい仕事のシステムを取り入れたいが、その前に仕事の遅れを取り戻したい。

**A3** 順番が逆です。まずシステムを確立した上で、遅れを取り戻す努力をしてください。

**Q4** ランチの後、仕事に戻るのに苦労する。

**A4** これもシステムがない場合の典型です。機能するシステムを導入しましょう。具体的には、ランチタイムの開始と終了時間を事前にはっきりさせることです。タイマーなどを使って時間厳守に努めてください。

**Q5** WILL DOリストの仕事を完了できる日はまずない。午後になると途中で息切れしてしまう。

**A5** 改善の方法はいくつかあります。まずは、時間を決めて毎日午後の休憩を取ってください。さらに仕事を終える時間も明確に決めることです。毎日、結果に応じて採点するのもよいでしょう。

**Q6** 仕事が少ない日は時間の制約もなく、1日中どうでもよい仕事をしがちだ。

**A6** 時間のプレッシャーを課せば問題は解決します。例えば、午後をオフにするなど、終了時間をくり上げてみましょう。ただし、設定した時間は確実に守ってください。

## CHAPTER 13 まとめ

●仕事の先送りを防止する8つの方法を取り入れる。

1 採点方式で、毎日の仕事を終わらせる
2 「ダッシュ法」を使う
3 計画的に休憩を取る
4 しっかりランチを取る
5 仕事の終了時間を決める
6 仕事の途中で休憩を取る
7 気分と充実感を意識する
8 〝衝動の脳〟をダマす

●先送りがたまったら、システムの復旧で対処する。そのためには、何を置いても明日のＷＩＬＬ ＤＯリストを作成することが必須。やり残した仕事をファースト・タスクにして遅れを取り戻し、システムを点検する。

CHAPTE

# 14

# ダッシュ法で圧倒的集中力を手に入れる

14章では、前章で触れた「ダッシュ法」について、詳しくお話しします。
まず、実際に体験してみましょう。

## ダッシュ法を体験する

タイマー、筆記用具、罫線の入った紙を何枚か用意してください。

はじめに「大切であると思っているのに、手をつけられずにいる課題」を1つ選んでください。どんなことでもかまいません。大切なのは、やりたいと思いつつ「取り組むのを避けていること」だということです。

この練習のルールは簡単です。**全力でダッシュするように、5分間休むことなく、課題について書き続ける。**これだけです。

「休むことなく」というのは、文字どおりの意味です。ペンを止めてはいけません。見直しも不要ですし、言葉の選択や句読点、文法に気を使うこともありません。とにかく、手を動かし続けてください。

それでは、やってみましょう。

**1 タイマーを5分にセットする**
**2 アラームが鳴るまで、とにかく課題について、書き続ける**
**3 時間が来たらペンを置く**
**4 自分の書いたものを読む。「新しいアイデア」や「すぐにできる行動」など重要だと思われる部分にアンダーラインを引いてみる**
**5 アンダーラインを引いた部分を別の紙に書き写す**

練習は以上で終わりです。

この練習をする理由は2つあります。

1つは、この方法が「ひらめきを得る」ために有効な方法だからです。アイデアを生み出す時の方法にぜひ加えてください。時間は5分間でなくてもかまいません。**事前に時間を決めて、その時間内は書くのをやめない**ことが大切です。

もう1つは「たった5分間、完全に集中すれば、どれほどのことができるのか」を知ってもらうためです。

このたった5分間のダッシュで、それまでの何週間や何ヶ月以上の進歩があったり、ずっと悩んでいたアイデアに巡りあえたという人も珍しくありません。

## 期限の効果
## ——時間を決めて、ダッシュする

もしも「きっかり5分間」ではなく、「5分間以上かけて課題について書いてほしい」というルールなら、どうなっていたでしょうか？　「もっと深く考えられた」と思うかもしれませんが、現実はその反対となる場合がほとんどです。

どうしてそうなるかと言えば、時間に制限のない状況では、制限のある場合より効率が悪くなるからです。簡単に言えば、**終わりの時間が決まっているから集中して働ける**のです。

こうした効果を、私は「期限の効果」と呼んでいます。**仕事の効率は、期限の直前に最も高まる**ものです。終了時刻がはっきりしているほど、その傾向は強まります。

昼休み返上で働いたり、だらだらと残業をする人には「期限の効果」が期待できません。その結果、終業時刻に仕事をピタリとやめる人より仕事の効率が悪くなります。

家に仕事を持って帰る人も同様です。仕事とプライベートの境界が持てず、「期限の効果」が利用できていないのです。

## 抵抗感を克服する一番簡単な方法

今回、「取り組むのをずっと避けていた課題」を選んで考えてみました。

この5分間の練習を終えた今「なぜ、ずっと避けていたんだろう?」と感じているのではないでしょうか。この練習で見つけたアイデアをもっと考えてみたいとか、本書を読むことをストップして、こちらをやりたいと考えている人もいるはずです。

もしもそんなふうに考えが変わったとしたら、その理由は**「ダッシュ法」には抵抗感を克服する効果があるから**です。

たった5分間であれば、どんなにやりたくない課題でも取りかかれるでしょう。短時間でも、とにかく手がけさえすれば、仕事は前に進みます。例えば「ファイルを取り出す」「メールアドレスを探す」といった小さなタスクでも、やってしまえば抵抗感は徐々に弱まります。

そして、誰にも備わっている〝現状を維持しようとする慣性の力〟が、動き出したあなたを前へ前へと進めてくれます。

「恐怖に打ち勝つ最良の方法は行動である」という言葉がありますが、まさに的を射た言葉なのです。

## ■インターバルがモチベーションを高める

ダッシュをした後で、一時的に仕事を完全にやめることにも大きな利点があります。それは、**仕事をやめることで「もっとやりたい」という気持ちが高まる**ことです。

人間の精神には、完璧を渇望する傾向があります。仕事を途中でやめると「まだ終わっていない。続けなければ」という気持ちになるのです。

適度な休憩をおいて仕事を再開すると、頭の中では仕事が進んでいることもあります。こうなると、休んでいた間も仕事をしていたようなものです。

EXERCISE

## 10分間ダッシュで仕事を一気に片づける

もう1つのダッシュ法の練習をしてみましょう。

今度はメールの処理などの単調な仕事を10分間ダッシュでやってみてください。

10分経ったら、2~3分の休憩をはさんでもう一度10分間ダッシュをします。

これを3回くり返してください。

ポイントは、10分経ったら、その都度仕事を完全にやめることです。「仕事のきりが悪くてもそこでやめる」ことは大切なルールです。

ダッシュ法で、どの程度、仕事が進んだでしょうか。休憩なしで仕事を30分間続けた場合と比較してみてください。

ダッシュ法を使うと、時間当たりの仕事量は相当増えるはず。同時に、集中力が途切れることがなく、スムーズに仕事が進み、気分もリラックスした状態にあるのではないでしょうか。

ダッシュ法は、新しい仕事に取りかかるのに、非常に効果的な方法です。しかし、1日中、5分から10分の短いダッシュをくり返せば、さらに仕事全体の効率が高まるかと言えば、そうとも言えません。

そこでおすすめするのは、**ダッシュの時間を5分間ずつ延長する方法**です。つまり、最初は5分間、次は10分間、次は15分間と延ばしていくのです。

**ダッシュ時間は、最長40分**です。それ以上の時間、集中を持続するのはまず無理です。どうしても仕事を続けたければ、ダッシュ時間は延長せず、40分間ダッシュをくり返すことにしてください。

「集中力が落ちてきたな」と感じるまで、インターバルを取りながら仕事を続けます。インターバルを長く取りすぎると、慣性の力が低下するので要注意です。もしも、**ダッシュに勢いがなくなったと感じたら時間を短くしましょう。**一度、5分間にまで戻して、そこから再び時間を延長していくのもおすすめです。

## ダッシュ法で複数の仕事をこなす

ダッシュ法に慣れてきたら、今度は複数の仕事を手がけてみましょう。

まず5分間、プロジェクトAを手がけ、次の5分はプロジェクトBに取り組みます。再びAに戻り、今度は10分間ダッシュします。次にBで10分間です。この要領で、15分、20分と進めていきます。

こうやって2つの仕事に取り組めば、1時間40分の間、期限の効果をフルに活用して仕事に集中できることになります。制限時間なしで仕事をするのに比べて驚くほど効率は高まり、より多くの仕事が完了できるようになるはずです。

では、ダッシュ法の途中で何らかの邪魔が入ったらどうすればよいでしょうか?

その場合は、まずその原因を処理して、ダッシュをやめたところに戻りましょう。ストップウォッチがあるなら残り時間を覚えておいて、問題を片づけたら、その時間から再開します。

## ■ダッシュ法を実際にやってみる

ここで、複数の仕事をするダッシュ法を練習してみましょう。課題を2つ選んでください。どんな課題を選んでもかまいませんが、あまり似通っていないものの方がよいでしょう。2つのうち1つは、これまで先送りしていた課題にして、もう1つは毎日やるデイリー・タスクを選んでみてください。

例えば「メールの処理」と「ファイリング方法の検討」を交互に進めたり「戦略の立案」と「オフィスの整理」を交互に行うといった形がおすすめです。

課題の数は2つ以上でもかまいません。私は通常、10以上の仕事をリストアップしていますが、ダッシュ法の効果は絶大で、ほとんどの課題は最初の5分か次の10分で片づいてしまいます。

その結果、**すぐにリストは縮小して、長いダッシュの必要な仕事だけが残ります**。20分ダッシュまで残っているのはほんの少し。課題が次々と変わるので、バラエティが生まれ、仕事が楽しくなります。

## ■集中は休憩から生まれる

先ほど「期限の効果」を利用して、時間を制限して短時間働く方が集中力が出るというお話をしました。

同様に、**休憩も時間を限った方が、際限なく休むよりリラックスできる**ともお伝えしました。そこで休憩時間を5分間と決めて、仕事を中断することで、その効果を試してみてください。

休憩の間は、何をしてもかまいません。コーヒーを入れても、新聞を読んでも、友達と話しても、ひと眠りしても、新鮮な空気を吸っても、あるいは別の仕事をしても結構です。

大切なのは、休憩の間、集中力を解放すること。そうすることで、仕事を再開した時に集中しやすくなります。

## ダッシュ法はチェック・リスト方式で

ここで少し復習をします。

ＴＯ ＤＯリストはオープン・リストです。仕事が追加され、どんどん長くなる可能性があります。

〈ステップ1　通常業務に5分ずつ割り振る〉

| | |
|---|---|
| メール | 5 |
| 手紙 | 5 |
| 電話 | 5 |
| ファイリング | 5 |
| オフィスの整理 | 5 |
| 会計処理 | 5 |

一方、チェック・リストは、クローズ・リストです。仕事は決まっていますから、項目を増やせば増やすほど、仕事の仕上がりが完璧に近づきます。

ですから、TODOリストに頼らずに、コミットする仕事を明確に決めた上で、チェック・リストで仕事をする方が効率的で、成果も上がります。

ここまでが復習。

さて、この復習を念頭に、あなたの仕事にダッシュ法を取り入れる具体的な方法を見ていくことにしましょう。

## ■ステップ1　通常業務のリストを作り、5分ずつ割り振る

まず、あなたの通常業務のリストを作ってみてください。毎日、あなたがコミットしている仕事のリストです。

ここでは例として、メール、手紙、電話、書類のファイリング、オフィスの整理、会計処理の6つが日常業務とし

**〈ステップ２　５分間ダッシュで仕事を処理する〉**

・未完了の仕事は５分増やす。

・完了した仕事は、５分割り振る。

| | | |
|---|---|---|
| **メール** | ~~5~~ | **１０** |
| **手紙** | ~~5~~ | **５** |
| **電話** | ~~5~~ | **５** |
| **ファイリング** | ~~5~~ | **１０** |
| **オフィスの整理** | ~~5~~ | **５** |
| **会計処理** | ~~5~~ | **１０** |

ます。リストができたら、各項目に5分間ずつ割り振ります。

## ■ステップ2　5分間ダッシュで仕事を処理する

ここで戦闘開始です。5分間ダッシュで仕事を処理していきましょう。

ダッシュが終わったら、その項目の「5」を消去してください。仕事が終わっていなければ、次のダッシュ時間として、「10」と記入します。最初の5分で完了した項目は、次のダッシュ時間に「5」と記入してください。

この例では、手紙、電話、オフィスの整理の3つが、最初の5分間ダッシュで完了しています。その他の項目は、完了しなかったので、次は10分間ダッシュで取り組みます。

**〈ステップ３　10分間ダッシュで未完了の仕事に取り組む〉**

・10分間ダッシュで未完了ならさらに５分増やす。
・完了した項目に、新たな仕事が入れば５分間ダッシュで取り組む。

| | | | |
|---|---|---|---|
| **メール** | ~~５~~ | ~~１０~~ | ５ |
| **手紙** | ~~５~~ | ~~５~~ | ５ |
| **電話** | ~~５~~ | ~~５~~ | １０ |
| **ファイリング** | ~~５~~ | ~~１０~~ | ５ |
| **オフィスの整理** | ~~５~~ | ~~５~~ | ５ |
| **会計処理** | ~~５~~ | ~~１０~~ | １５ |

## ■ステップ3　10分間ダッシュで未完了の仕事に取り組む

10分間ダッシュで、メールが完了しました。この項目の数字が「5」に戻ります。

手紙関連では、新しい仕事がありませんでしたから、数字は「5」のままです。

電話については、新しいメッセージが入りました。その処理が5分間で完了しなかったので、次のダッシュ時間が10分間に増えています。

ファイリングはここで完了したので「5」に戻り、オフィスの整理も5分以内に終了したため、次も「5」のままです。

最後の会計処理は仕事が残っており、ダッシュの時間が15分間に増えています。

## ダッシュ法を機能させる7つのヒント

### ■ヒント1　制限時間を厳守する

制限時間が来たら必ず仕事をやめてください。続けることを許してしまうと「期限の効果」が期待できません。

ダッシュ中に、電話などでダッシュを中断せざるを得ないこともあるでしょう。その場合は、まずそちらを済ませ、できるだけ早く仕事に戻ってください。

### ■ヒント2　インターバルは短く

インターバルは長くても2〜3分までにして、次の項目のダッシュへすみやかに進みましょう。ここでしっかり休んでしまうと、集中力が途切れてしまいます。

### ■ヒント3　タスクは充分小さくする

項目が「本を1冊書き上げる」では時間がかかりすぎます。「○ページ書く」とか「第○章を見直す」といった程度にしてください。

それが完了したらダッシュを5分間に戻し、次のタスクを設定してそれに取りかかります。１つのタスクに時間がかかりすぎると、他の仕事が進みません。

### ■ヒント4　リストの項目を増やしすぎない

ダッシュ法がいくら優れていても、仕事の項目数を増やしすぎないようにしましょう。手に負えないほどの仕事を抱えてしまっては、どんなシステムも機能しなくなるからです。

### ■ヒント5　コミットした仕事はすべてリストアップする

リストにない仕事には取り組めません。コミットしたら必ずリストに入れるべきです。

### ■ヒント6　休憩を取る

必ず一定の休憩時間を取ってください。40分に一度でも、5分間の休憩を取ると疲労度合いが大きく違ってきます。

休憩の間は好きなことをしましょう。もちろん、休憩時間が終わったらすぐ仕事を再開しなくてはなりません。

■ヒント7　タスクが完了したタイミングで休憩しない

リストのタスクが1つ完了しても、そこで休憩は取らないようにすること。すぐに次の項目に進み、休憩は決めた時間に取ります。

理由は前にお話ししたとおり、人間の精神が常に完璧を求めることによります。仕事が1つ終わった時点で休憩を取ると、心に「終了」という事実が刻み込まれてしまい、再開が難しくなります。逆に、途中で仕事をやめると、気分が仕事を早く終わらせようと再開を望むようになるのです。

## 複数タスクをダッシュ法で片づける

複数タスクをダッシュ法で手付ける手順をおさえておきましょう。次の手順で取り組んでみてください。

■ステップ1　10の課題からなるリストを作る

ここ2〜3週間で、あなたが日常的に行っている仕事、あるいは、やりかけの仕事をリストアップして、それをグループ分けしてください。

全部をどこかのグループに入れて、グループの数が10になるように、分類を調整してください。厳密にする必要はありませんし、作業中にグループを変更してもかまいません。

### ■ステップ2　課題グループごとに今日の目標を設定する

「今日届いたメールを処理する」といった完了形の課題もあれば「本を5ページ書く」「来月のニュースレターのデザインを考える」「分厚い雑誌の記事を読む」など、範囲を設ける形のものがあってもかまいません。

### ■ステップ3　ダッシュ法を開始する

リストが完成したら戦闘開始です。周囲に誰もいないなら、ストップウォッチを使うのがおすすめです。人がいるなら静かに時間を計れるツールを準備しましょう。

くり返しますが、期限の効果を生かすために、時間が来たらピタリと仕事をやめてください。制限時間を守らないと、集中力を失ってしまいます。

## ■ステップ4　翌日もダッシュ法で取り組む

翌日は、前の日の終了時点からスタートしてもいいですし、新しく目標を作り直して、まったく新しくスタートをしてもかまいません。

私の場合、「このままいけそうだ」という慣性が感じられる限り、前の日の仕事を続けます。しかし、翌朝にミーティングなど、まったく別の仕事がある場合は、初めから、それもダッシュを5分間に戻してやり直す方がうまくいくケースがほとんどです。

CHAPTER 14

## まとめ

- 全力でダッシュするように、一定の時間、課題について書き続ける。事前に時間を決めて、その時間内は書くのをやめない。
- 最初に5分と時間を区切れば、抵抗感があまり問題にならない。5分後に、インターバルを取ることで「やりたい気持ち」がさらに高まる。
- 複数の課題にダッシュ法で取り組めば、さらに集中力を高めることができる。未完了の仕事は、次のダッシュを5分ずつ延長して取り組む。
- 設定したダッシュ時間が過ぎたら、必ず仕事をストップさせる。
- 休憩がモチベーションを高める。休憩も時間を限った方が、際限なく休むよりもリラックスできる。

CHAPTER

# 15

# ダッシュ法をカスタマイズする

この章では、ダッシュ法を働き方に合わせてカスタマイズする方法を考えていきます。各タイプのメリットとデメリットについても触れておきましょう。あなたにとって最適な方法が見つかるまで、いろいろ試してみてください。

この章で紹介するダッシュ法のバリエーションは、私自身が考えたものです。どれも、**仕事が進むにつれてダッシュ時間が増え、タスクの数が減るスタイル**になっています。

## タスクに適したダッシュ時間を配分する

まずは、タスク終了時のダッシュ時間のリセット方法について、2つのバリエーションをご紹介します。

各タスクは5分間ダッシュからスタートし、タスクが終了するまで、ダッシュ時間を5分ずつ増やしていきます。この基本は共通です。

**〈タイプ1〉**はオーソドックスな方法です。タスクが終了したら、ダッシュ時間を5分にリセットします。メールが届いて、新たなメール処理のタスクが発生したら、この5分で対応するという方式です。

**〈タイプ2〉**は、タスクが終了したら、ダッシュ時間を（5分間に戻すのではなく）5分間減らす方法です。つまり、タスクが完了しなければ、次のダッシュ時間は5分増やし、タスクが終了すれば、次のダッシュを5分減らすのです。

このタイプのメリットは、タスクに見合った長さのダッシュ時間が割り当てられることです。原稿執筆といった時間のかかるタスクには、より時間が多く割り当てられ、デスクの片づけのように短時間で終わるタスクなら、常に5分か10分程度までのダッシュが割り振られることになります。

**〈タイプ3〉**は〈タイプ2〉のバリエーション。タスクが完了したら、次のダッシュ時間をそのままにしておきます。

〈タイプ１　完了したら５分に戻す〉

メール　~~５~~　~~１０~~　~~１５~~　~~２０~~　５

〈タイプ２　完了したら５分減らす〉

メール　~~５~~　~~１０~~　~~１５~~　~~２０~~　１５

〈タイプ３　完了したら時間を変えない〉

メール　~~５~~　~~１０~~　~~１５~~　~~２０~~　２０

〈タイプ４　完了したら時間を倍にする〉

メール　~~５~~　~~１０~~　~~２０~~　４０

〈タイプ５　最初の５分をスキップする〉

メール　~~１０~~　~~２０~~　４０

4回目の20分間ダッシュでタスクが完了したら、次のダッシュ時間は、そのまま20分に設定します。

ダッシュ時間をリセットせずにそのままにしておくと、タスクに割り当てられる時間が、そのタスクに適した長さに調整されていきます。

この方法なら、各タスクの性急な時間調整が避けられるでしょう。

## ダッシュ時間をより大きく変化させる

これまでに5分、10分、15分、20分というダッシュ時間を標準の方法として紹介してきました。仕事への抵抗感が問題になる場合、このくらいの長さが適当です。

しかし、仕事への抵抗感が克服できるようになってくると、このペースでは1回のダッシュ時間が短すぎて物足りなく感じる場合があります。

こうしたケースでは、ダッシュ時間をより大きく変化させる方法を試してみてください。

**〈タイプ4〉**は、ダッシュ時間を倍々ペースで延長していく方法です。つまり、5分、10分、20分、40分と常に次回は2倍のダッシュをすることにします。

このタイプのバリエーションとして、**〈タイプ5〉**のように、最初の5分をスキップして10分、20分、40分としてもよいでしょう。

**〈タイプ６　ラウンドごとにタスクを１つ追加する〉**

| | | | | | |
|---|---|---|---|---|---|
| **メール** | ~~５~~ | ~~１０~~ | ~~１５~~ | ~~２０~~ | ２５ |
| **手紙** | ~~５~~ | | | | |
| **電話** | | ~~５~~ | ~~１０~~ | | |
| **ファイリング** | | | ~~５~~ | ~~１０~~ | １５ |
| **オフィス整理** | | | | ~~５~~ | |
| **会計処理** | | | | | ５ |

## タスクを徐々に増やす方法

今度は複数タスクを処理するバリエーションをご紹介しましょう。

前章では、10のタスクをリストアップし、一気に並行させて取り組みましたが、ここでは、少数のタスクでスタートして、徐々にタスクを加えていきます。

**〈タイプ6〉**では、2つのタスクから始め、ラウンドごとに1つ追加していきます。最初の2つのタスクは、メールと手紙の処理です。

〈第1ラウンド〉で2つのタスクの5分間ダッシュが終わったら〈第2ラウンド〉です。ここで、新しいタスクとして電話の処理を加えます。

〈第5ラウンド〉まで続けたリストを見てください。メールの処理が終わらずに25分間ダッシュになりました。手紙の処理やオフィス整理については5分間ダッシュで完了しているのがわかります。

この方法のメリットは、同時並行のタスクが少ないことです。1つのタスクの完了までは一気同時並行でやるよりも早くなります。

デメリットは「コミットした仕事がすべて進んでいる」という感覚が得にくいことでしょう。揺らぎのない強いコミットができる人向けと言えるかもしれません。

## ダッシュ時間を固定する2つの考え方

いろいろな方法を試していくうちに、ダッシュ時間をその都度変更していく必要が弱まり、一定の時間配分でよいと感じる場合もあるでしょう。

そうしたケースへの対処法として、2つのバリエーションをご紹介します。

### ■バリエーション1　タスク当たりのダッシュ時間を固定する

ダッシュ時間を変更しないで、一定のダッシュ時間でよいと思えるケースもあるはずです。

私の経験では、**ダッシュ時間を固定するなら20分が最適**です。

ただし、ダッシュ法を続けていくうちに、自分に合うダッシュ時間は変化していくもの。実験する気持ちを持ち続け、自分に合ったダッシュ時間を見つけるようにしてください。

## ■バリエーション2　ラウンド制で、合計時間を分割する

1ラウンドの時間を固定して、それをタスクの数で割る方法です。かなり凝ったやり方と言えるでしょう。

例えば、スタート時点でタスクが20項目ある場合で考えてみましょう。

各タスクに5分割り当てると合計時間は100分です。この100分を1ラウンドとします。

第1ラウンドで、5つのタスクが完了したら、第2ラウンドで手がけるタスクは15項目になります。100分を15で割ると1タスクは約7分です。

こうして1ラウンド100分で仕事を続けます。タスクが3項目にまで減った時点で、ダッシュ時間は33分間になります。

**この方法は、仕事の数が多い時におすすめ**です。簡単な仕事はすぐに片づく一方、大が

かりな仕事に集中する時間がどんどん増えていくからです。

デメリットは、同じ仕事に戻るまでに時間がかかることです。しかし、完了したタスクが増えていくことで、その不満は徐々に解消されていくはずです。

CHAPTER 15

# まとめ

- 働き方にあわせ、タスクに適したダッシュ時間を配分する。自分に合う方法が見つかるまで、いろいろな方法を試してみる。
- 仕事への抵抗感が克服できるようになってきたら、ダッシュ時間をより大きく変化させる方法も有効。
- ダッシュ法を続けていくうちに、自分に合うダッシュ時間は変化する。常に、実験する気持ちを持って、適切な時間を見つけていくことが大切。

CHAPTE

# 16

# プロジェクトをやり遂げる

この章では、プロジェクトへの対処法をご紹介します。プロジェクトをやり遂げるために、自分自身の行動をどうコントロールするかについてを考えていきましょう。

まず初めに「プロジェクトとは何か」を定義しておきます。

**「プロジェクトとは、その完了のために、複数のタスクの完了が必要な仕事」**です。

逆に言うと、プロジェクトは複数のタスクに分解することが可能であり、分解したタスクもプロジェクトと考えれば、それをさらに分解することができます。

## プロジェクトの2つのタイプ——継続作業と複数要素

プロジェクトは、その性質により次の2つのタイプに分類できます。対応もそれぞれの特性に合わせなくてはなりません。

**タイプ1　継続作業のプロジェクト**
**タイプ2　複数要素のプロジェクト**

それぞれについて、詳しく見ていきましょう。

### ■タイプ1　継続作業のプロジェクト

「語学の習得」「楽器の練習」などが典型的な例です。長期間に渡ってくり返される行動で構成されるもので、目標達成の基準を設定することは難しく、続けること自体が目標になることさえあります。行動そのものがプロジェクトの主体なのです。

本を書き上げる、試験にパスするなどといったプロジェクトも、1つの行動をくり返す点ではこのタイプに分類されます。

11章でもお話ししましたが「継続作業のプロジェクト」はファースト・タスク向きではありません。それは、このタイプのプロジェクトがかなり長期的なものになるからです。場合によっては、終わりが見えずいつまでも続きますから、他の仕事をファースト・タスクにできなくなってしまいます。

対応法としては、**ファースト・タスクと同様に、毎日一定の時間を決めて取り組む**のが適切でしょう。短時間で済むものならデイリー・タスクに加えてください。どちらの方法を採用するにせよ、数を増やさず、本当に必要なものだけを選択することです。

「継続作業のプロジェクト」にするにはシンプルすぎてすぐに終わる場合はどうすればよいでしょうか？　例えば「本棚の整理」です。短期間で完了するといっても、1日では無理なプロジェクトです。

答えは、完了までタスク・ダイアリーにくり返し記入し続けること。これで問題ありません。

## ■タイプ2　複数要素のプロジェクト

「マーケティング・キャンペーンの立案」「論文のレジュメの作成」などがこれに当たり

ます。続けることではなく目標達成こそが大切で、そのためには、複数のタスクを完了する必要があります。

同じ作業のくり返しではありませんから、きちんとタスクに分解して取り組むのが一番です。分解したタスクをタスク・ダイアリーに記入して実行します。

簡単なタスクは明日のページに記入、手のかかるタスクは、さらに小さなタスクに分解して何週かに配分します。

大がかりなプロジェクトの場合、それぞれのタスクを次の順序で整理するとフォローしやすくなります。

**ステップ1　（タスクについて）考える**

**ステップ2　（タスクについて）〇〇と話し合う**

**ステップ3　（タスクについて）意思決定をする**

**ステップ4　（タスクの）実行計画を立てる**

**ステップ5　（タスクの）現状や結果を見直す**

## 緊急度の低いプロジェクトから取り組む

プロジェクトが複数ある場合、どのプロジェクトを優先するかによって、仕事の仕方は違ってきます。もちろん、余裕もないのに新たなプロジェクトを引き受けてはいけませんが、引き受けたなら、ベストな順序で実行しなければなりません。

一般的に、仕事の優先順位を決める基準は「重要度と緊急度」であるとされています。しかし、プロジェクトを複数抱えている場合、重要度が考慮されるケースはまずありません。実際は、緊急度が優先して決定されることが多いのです。その結果、緊急ではないプロジェクトは、たとえ重要度が高いとしても先送りされてしまいがちです。

つまり、**緊急度による優先順位づけには致命的な欠陥がある**のです。どんな仕事も緊急になるまで着手されなくなり、その結果は、常に締切に追われる生活。ストレスが絶えず、仕事の質はいつも最低で、周囲の信頼を失うことにもなりかねません。

それならば、むしろ優先順位をつける順序を反対にしてみてはどうでしょうか？　つまり、緊急度の低い仕事から着手するのです。意外な提案でしょうが、ここで実効性を検証してみます。

実は、緊急な仕事には、2種類のまったく違う仕事があります。

**タイプ1　本当に緊急な仕事（火事で避難する、記者が翌朝の新聞の記事を書く、など）**

**タイプ2　締切が迫って緊急になった仕事（レポートを締切直前まで書かなかった場合など）**

現実の緊急の仕事は、2のケースの方が多いのです。「これは緊急だ」という場合、実は適切な時期に仕事を始めなかったのが原因という場合がほとんどです。

もちろん、「これは緊急だ」という仕事を後回しにはできませんが「緊急度の低い仕事から着手する」と考える理由はここにあります。

本当に緊急な仕事には、すぐに取りかかってください。しかし、この場合「そもそもは問題ではなかったのに、あなたが原因で緊急になった仕事」は本当に緊急な仕事ではないのだということを自覚しておくことが非常に大切です。

# 「仕事に向き合うこと」「仕事を片づけること」

次に〝仕事に対する心の持ち方〟について考えてみたいと思います。プロジェクトをする上で、とても大事なポイントだからです。

「仕事に向き合う」と「仕事を片づける」。この2つには、どんな違いがあるでしょうか？　どんな立場で働いているとしても、実際、この2つは区別しなければなりません。

**仕事を〝片づける〟というのは、細かい日常業務に取り組むこと**です。クライアントへの応対、製品の製作、会計処理、従業員への対応などがそれに当たるでしょう。別の言葉で言えば、仕事に必要な〝業務を処理すること〟です。

一方で、**仕事に〝向き合う〟というのは、仕事について考えること**です。仕事の目的・意味を考える、構想を練る、目標を設定する、新しい企画を考える、計画を立案する、といったことが含まれます。

プロジェクトは〝向き合う〟ことを要求する仕事です。〝片づける〟ことばかりに集中すると、よく起きる問題は、細かな日常業務に没頭するばかりで、仕事に向き合えなくなることです。

もちろん、プロジェクトをやり遂げるには〝向き合う〟ことも〝片づける〟ことも、どちらも欠かせません。日常業務が処理できないなら、次のステップを考えても意味がないとする人もいるし、プロジェクトの意味を考えずに日常業務を片づけてもしかたがないと考える人もいます。どちらが正しいとも、間違っているとも言えません。

しかし、**プロジェクトに対して全体的な構想が持てないならば、やり遂げることは難しい**ということは心すべきです。

計画に遅れが生じたり、進み具合が停滞するのは、日常業務に埋没してしまった結果、仕事に〝向き合う〟時間が欠如したことによって起きているのです。

EXERCISE

## 行動の合間に考える習慣をつける

仕事に〝向き合う〟ためには、思考と行動を交互にくり返すプロセスが不可欠です。行動するだけでなく、じっくり考える時間を取る必要があるのです。

ここで考える時間を取るための、簡単なテクニックをご紹介しましょう。

まず、ノートと鉛筆を持って座ります。邪魔が入らないように一定の時間を確保して、心を平静に保ち、リラックスしてください。

後は、浮かんできたアイデアや考え方をノートに書きとめるだけです。しばらく何も浮かんでこなくても、心配はいりません。

用意した時間が終わりに近づいたら、今度は自分の書いたものについて考えましょう。よいアイデアや、何らかの行動が必要なことには下線を引いておきましょう。

練習の時間、頻度はあなたの自由です。1週間に一度でも得るものは大きいでしょう。毎日15分を続ければ、新鮮なアイデアがよどみなく浮かぶようになります。「どんなに短くても、考えないより、考える方がよい」ということを忘れないでください。

考える前に、必ず時間を設定しましょう。どんな長さに設定しても、一度決めたらその時間の最後まで考え抜いてください。

優れたアイデアは、締切間際に浮かぶことが多いもの。これも期限の効果の一例です。

私の場合は、最初のアイデアの流れが途切れると、新たな流れが出てきます。この2番目の流れに、より深く、真実を捉えたアイデアが含まれているケースも多いのです。

EXERCISE

## プロジェクトを完了させる

次のケースで、あなたはどのように取り組むべきでしょうか？

**Q1** ダイエットのために、エアロバイクでトレーニングをすることにした。

**A1** 典型的な「継続作業のプロジェクト」です。時間を決めて実行しましょう。週に3回くらいのトレーニングが必要ではないでしょうか。スケジュールを作り、確実に守ってください。あなたが計画に忠実であればトレーニングは習慣化します。言うまでもありませんが、このタイプのプロジェクトの数は増やしてはいけません。注意してください。

**Q2** 郵便集配室の改装に関する改善提案を依頼された。今は1月、担当の委員会は7月の会合での提案を検討する予定だ。

**A2**
期限まで半年の余裕があります。提案の作成にもそれほどの時間は必要ありません。しかし、ここが落とし穴です。こうしたプロジェクトに限って、緊急になるまで放っておかれます。
「緊急度の低い仕事から着手する」というルールを思い出してください。すぐにプロジェクトに着手しましょう。7月になれば必ず「早めにやってよかった」と思うはずです。

**Q3**
改善委員会の月例会議に出席した。各部門長の要望をヒアリングして、その結果を翌月の委員会で報告することになった。

**A3**
ヒアリング期間は1ヶ月あります。差し迫ってはいないので、直前まで何もしないリスクがあります。「緊急度の低い仕事から着手する」を適用してください。

**Q4**
委員会に出席する準備のため、前回の議事録をチェックした。すっかり忘れていたが、次回の会合までに、議事録の改訂に関する報告をすることが決まっていた。

**A4** 「緊急度の低い仕事から着手する」を適用していれば、こんなことは起きなかったはずです。委員会で謝罪をした上で、以後、このルールを忘れないようにしましょう。

**Q5** 請求書の発送遅れに困っている。時間ができたら、原因をつきとめなければならない。

**A5** 「時間ができたら」は「しない」と同じ結果を生みます。これはファースト・タスクにすべき仕事の典型。問題点をリストアップしてつぶしていきましょう。

**Q6** 契約の説明を受ける予定の日に、クライアントから「契約書をチェックする時間がなかった」と連絡があった。

**A6** 理由を聞く必要はありません。日程を再設定してください。同時に、その結果が引き起こす事態を伝えて、同じミスを二度と起こさせないことです。

**Q7** 最初の小説の出版が決まった。原稿提出までに8ヶ月ある。

**A7**

8ヶ月はずいぶん先に感じるでしょうが、今すぐ執筆を開始すること。ガイドラインは次のとおりです。

・期限のあるプロジェクトには「緊急度の低い仕事から着手する」ルールを適用する。

・期限のないプロジェクトはファースト・タスクの候補にする。

**Q8**

支払いのオンライン・システムが古くなっている。早いうちにリニューアルしたい。

**A8**

プロジェクトの期限が明確ではありません。ファースト・タスクにして進めるのがよいでしょう。

## CHAPTER 16 まとめ

●プロジェクトには、
①継続作業のプロジェクト
②複数要素のプロジェクト
がある。

●プロジェクトが複数ある場合は、緊急度の低いプロジェクトから取り組む。

●仕事に対して全体的な構想を持った上で「片付ける」仕事と「向き合う」仕事を仕分ける。

CHAPTE

# 17

# 仕事術を超えて達人の境地へ

いよいよ最終章です。あなたはここまでに、たくさんのテクニックを学んできました。こうしたテクニックを使い込んで自分のものになってくると「テクニックはもういらない」と思える時期が必ずやってくるはずです。

つまり、意識してテクニックを使わなくても、抵抗感を克服し、必要な仕事に集中し、効率よく働けると思えるようになるのです。

そこまで来れば、テクニックを超えて、ごく自然に時間を有効活用できる達人の域も間近。17章は、そんな達人の境地を目指すために「自分をコントロールする能力」について考えます。

# 抵抗感を利用して人生を充実させる

日常生活をコントロールできるかどうかは「抵抗感をどう利用するか」にかかっていると言っても過言ではありません。

抵抗感は、けっしてネガティブなものではなく、**抵抗感を積極的に取り込めば、エキサイティングで充実した人生が送れます。**

逆に、抵抗感に対して、消極的な対応をするのが習慣になってしまうと「仕事に追われるストレスだらけの人生」もしくは「毎日何も達成せずに過ぎていくむなしい人生」を受け入れざるを得ません。

本来人間は、抵抗感が少ない行動を選択する傾向があるもの。

選択肢が「食うか、飢えるか」なら「食う（働く）」方が「飢える（死ぬ）」より抵抗感の少ない選択肢として選ばれるのは当然でしょう。

長年人類は、そうやって行動を選択してきました。しかし、現代のようにモノにあふれた時代では、このような生死に結びつけた選択をする必要はありません。つまり、**抵抗感**

**の少ない道を選択する方が、必ずしもより望ましいとは限らない**のです。

ここではまず、抵抗感と恐怖感を分けて考えることから始めましょう。

抵抗感とは、チャレンジ精神や努力が必要な仕事に対して抱く気持ちです。

他方、恐怖感とは、危険な状況に対して抱く気持ちです。

道路の反対車線を走ったり、焼けた石を素手でつかむことに抵抗があるのは、結果が想定できるからです。つまり、私たちはどんな場合に抵抗すべきかを知っています。そして、抵抗すべきケースで恐怖を感じることで、適切な行動を取ることができます。

## 抵抗感とは「行動をうながすサイン」

問題になるのは、抵抗を感じることが必要な行動をしない原因になる（あるいは、不要な行動をしてしまう）場合です。**本書で「抵抗感」として問題にしているのは、この「しなければならない」と思っていることに抵抗を感じること**です。

心の底では「この仕事をしなければだめだ」と感じている。しかし、だからこそ抵抗感も生まれてしまうということです。

「もっと練習をしなければだめだ」
「子どもに接する時間を減らしてはだめだ」
「論文作成を進めなければだめだ」
「クライアントをフォローしなければだめだ」
「安全に対する行動が必要だ」

頭ではそう考えてはいても、抵抗感があると行動が遅れます。その結果は、練習不足による心臓麻痺、子どもとの関係断絶、博士号取得の失敗、クライアントの喪失、事故の発生……ということになります。

どれも「他人が望むからやるべきだ」と考えた結果ではありません。〝したいからする〟つまり「健康でいたい」「子どもと仲よくしたい」「博士号を取りたい」「事業で成功したい」「安全な職場を作りたい」という自分自身の考えが元になっています。

問題はすぐに行動できるかどうかです。何かを「したい」と思っても、その思いは、必要な行動への抵抗感を抑えてくれるわけではないのです。

しかし、**抵抗感を「仕事から逃げるため」ではなく「行動をうながすサイン」だと考えられたら、悲惨な結末は避けられる可能性が高い**はず。

「抵抗感は行動をうながすサイン」——これが、この章の鍵となる考え方です。

白状すると、今、私が一番強く抵抗を感じているのは、この本を書くことです。本を書いたことのある人なら、執筆のつらさはよくおわかりでしょう。

しかし、私はこの抵抗感を「必要な行動をうながすサイン」と考えて、誘惑を振り払い、毎日、何とか執筆を続けています。

言葉があふれ出るような日もあれば、文章を書くのが拷問に思える日もあります。しかし、どんな気持ちでいようと、とにかく座って書くことが大切だと思いつつ書き続けています。

## 抵抗が一番大きい仕事からする

人間には「嫌な仕事」「本当の仕事」を避ける口実として「忙しいだけの仕事」に手を

つける傾向があります。しかし、**最初から「抵抗のある仕事」に取りかかってしまえば、「忙しいだけの仕事」は不要。つまり「忙しいだけの仕事」は自然に消滅してしまう**のです。

抵抗感を「行動をうながすサイン」にすることについて、さらに考えてみましょう。

抵抗を感じる仕事から逃げれば、抵抗感はさらに大きくなります。ですから、「忙しいだけの仕事」に手をつければ、嫌な仕事から逃げたいという気持ちに拍車をかける悪循環に陥ってしまいます。

本来、「抵抗感をなくす方法」は、次の2つしかありません。

**方法1　抵抗を感じる仕事をやってしまう**
**方法2　そんな仕事は「しない」と決断する**

ここで考えたいのは2つ目です。

「しない」原因を分析すると、たいていは「ただ何となく」「しない方がよいと思った」といった場合が多いのです。

| 抵抗感をガイド役にした場合 | 抵抗感で仕事を先送りした場合 |
|---|---|
| 重要な仕事から着手する | どうでもよい仕事に先に着手する |
| 時間が経つにつれて、仕事は容易になる | 時間が経つにつれて、仕事は難しくなる |
| 心配、緊張が消える | 心配、緊張が高まる |
| 仕事の先送りがなくなる | 問題の先送りが増える |
| 大切な仕事が片づく | どうでもよい仕事ばかりが片づく |
| どうでもよい仕事が消える（減る） | 大切な仕事が回避される |
| 集中力が持続する | 集中の持続は困難 |
| 危機的な状況を回避できる | 危機的状況が増える |

例えば、他人から「この仕事をしろ」と命令され、圧力をかけられて「何を言っているんだ」「そんな仕事は願い下げだ」と反射的に抵抗感が生まれたような場合がそうです。

ここで練習をしてください。〝達人への道〟へと向かう第一歩です。

まず「抵抗している対象を見つけ出す能力」、次にその対象に取りかかることで「抵抗を減らす能力」。この2つを向上させるための練習です。

これは初歩的なテクニック。最終目的はテクニックを使わなくても自然に抵抗感を減らせるようになることです。どんな場合でも**「抵抗感に対する最高の対策は行動」**であることを肝に銘じておいてください。

抵抗感を利用する達人への第一歩として以下の4点を意識して練習してみましょう。

**練習1　「衝動で行動する時」と「決断して行動する時」を分けて認識する**
**練習2　抵抗をガイド役にして行動する感覚を知る**
**練習3　日常で、自分が抵抗を感じていることを今以上に意識する**
**練習4　日常で「何に抵抗を感じるか」に焦点を当てる**

どの練習も「もう必要ない」と思えるまで、日常の中で続けるのがベストです。自分自身をコントロールできる能力は時々刻々変化するので、この練習を一からくり返すことになっても落胆することはありません。

## どんな時に衝動に駆られて行動するか？

誰でも一度は衝動買いをしたことがあるもの。

〝衝動買い〟と言うくらいですから、これは理屈に合わない行動です。ですから、自分の行動を正当化しようと、後からこんなことを言ったりします。

「どっちみち、必要なものだったけどね」

この言葉で、少なくとも衝動買いをした時には、思慮のない行動をしたことを認めているわけです。

こうした失敗は〝たまたま〟ではありません。人は、無意識のうちに衝動的な反応をしていることが多いのですが、日常、それには気づいていません。

**自分がどの程度、衝動的な反応をしているのかは、自分で確かめることができる**のです。衝動的な行動を自覚するために「行動にラベルをつける」練習をしてみましょう。

EXERCISE

## 行動にラベルをつける

これから説明する方法で、まずは5分から10分くらい取り組んでみてください。

まず「意識して決めた仕事をする練習」から始めます。仕事は何でもかまいません。取り組むことを決めたら、開始直前に、自分の意思を自分に対して宣言します。

一番よいのは「私は今から○○に取りかかります」と声に出してみることです。

「私は今からメールの返事を出します」

「私は今からオフィスを整理します」

「私は今から夜の授業の準備をします」

このように、どんな仕事も必ず宣言をしてから始めてください。


その仕事をしている間「衝動に対する心の動き」を観察してください。いろいろな形で衝動が現れてくるはずです。言葉にしてみると、次のようになるでしょう。

「コーヒーを飲んでもいいかしら」

「電話をするのを忘れた」

「植木に水をやらなきゃいけない」

こうした衝動が起きると、仕事を中断してコーヒーを入れたり、Aさんに電話したり、植木に水をやったりすることになります。この程度のことに「意思決定」の出番は必要ありません。意識して選択されたのではなく、単に衝動に反応した結果だからです。

ここで「ラベリング」という手法を登場させます。**何らかの衝動を感じたら、「コーヒーが飲みたい」「電話がしたい」と衝動の内容を口に出して〝ラベルを貼る〟ことではっきり認識してください。**

ラベルを貼ることで、衝動がはっきり意識されると、その衝動が消しやすくなります。

一番衝動に弱くなる時間は休憩直後。休憩明けにメールの処理をするなら、衝動に流される前に「私はメールに返事を出します」とまず宣言して仕事に戻りましょう。

この練習は、長時間続けなくても結構です。期限を設け、短時間の練習から始めてください。慣れてきたら少しずつ時間を延ばすとよいでしょう。30分続けてできるようになれば、仕事が順調に進んでいるはずです。

達人の境地に近づく「はじめの一歩」はここからです。

## CHAPTER 17 まとめ

- 抵抗感を「その仕事はしない方がいい」というサインと考えず、むしろ「行動をうながすサイン」だと受け止める。
- 抵抗感を感じる仕事から逃げていると、抵抗感はさらに大きくなる。
- 衝動に流されて、不要な行動をしがちである。何らかの衝動を感じたら、口に出してラベリングすることで、明確に意識できるようになる。意識できれば、自分自身のコントロールも容易になる。

# おわりに

本書を読み終えての効果はいかがでしょうか？

創造力を豊かにし、整理を行き届かせ、さらに効率よく仕事を進めるという本書の目的はどの程度達成されたでしょうか？

本書を読み終えるに当たって、次のテストをやってみましょう。

創造力を10点満点で採点すると　（　　）点
整理のレベルを10点満点で採点すると　（　　）点
2つをかけ合わせて、効率のパーセンテージを計算すると　（　　）%

もしかすると、さらにスコアを上げる余地があるかもしれません。次のチェック・リストで課題が残っていないか検証してみましょう。

□毎日、その日の仕事のＷＩＬＬ ＤＯリストを作成している。
□ＷＩＬＬ ＤＯリストは、毎日確実に終わらせることを目標にしている。
□リストにない仕事をする時には、必ずリストに書き加えている。
□仕事が3日続けて完了できない時は、以下の3点から仕事の仕方を見直している。
(1) 仕事の効率はよいか
(2) 仕事を抱えすぎていないか
(3) 充分な時間を確保しているか
□メールは基本的に翌日処理している。
□書類は基本的に翌日処理している。
□電話メッセージは基本的に翌日処理している。
□タスクは基本的に翌日処理している。
□タスク・ダイアリーを作っている。
□仕事はタスク・ダイアリーの翌日（または、それ以降）に記入している。
□毎日、一番初めに取りかかるのはファースト・タスクだ。

チェックがつかなかった項目があったら、本書の該当のページに戻って読み直し、あなたの仕事のシステムを見直してください。
さあ、これで大丈夫。あなたの成功を心からお祈りしています。

マーク・フォースター

# 訳者あとがき——考える時間の大切さ

米国の経営学の教材に「プライベート・ジェット（個人用ジェット機）運用会社の経営論（Aviation Management）」があります。

それを読んでいると「プライベート・ジェット機のセールス」についての解説に、こんなフレーズが出てきます。

「プライベート・ジェットの顧客は、基本的に便利さなどは求めていない。欲しいのはプライベートな時間であり、ものごとを考える時間である」

私は、長年ホンダ（本田技研工業）で自動車やオートバイ関連の仕事をしてきました。「クルマがあると便利になりますよ」とか「オートバイで配達して、仕事の効率を上げましょう」といったセールストークが身についていました。しかし、個人でジェット機を買う人は「便利さ」「効率の向上」にはあまり魅力は感じないというのです。

教材によれば、その理由は「移動が効率的になって時間があけば、そこに新しい仕事が入るから」。プライベート・ジェットでさらに新しい仕事が増えて忙しくなるイメージを与えては、セールスにはつながらないというのです。

ですから、売る側が使うべきフレーズは「移動が楽になり、仕事の効率が上がります」ではなく「一人の時間（＝考える時間）が持てるようになります」だというわけです。

この話を「優れたタイム・マネジメント」に置き換えると、面白いことがわかります。

つまりタイム・マネジメントを改善して仕事の効率が上がったとしても、空いた時間に新しい仕事が押し寄せてくるだけなら、せっかくの努力も水の泡だということです。

そんな事態を避けるには、優れた手法を得た結果が「一人の時間（考える時間）」でなければなりません。それこそが、本書が言う「本当の仕事」をする時間であり「仕事に向き合う時間」です。

ここで本文を振り返ってみましょう。

「本当の仕事」とは、目標に近づくためのものです。そのためには、あなたの能力すべてを使わなければなりません。つらい困難にぶつかることもあるし、限界にチャレンジする必要もあります。ときには「もう嫌だ」と思うこともあるでしょう。

「本当の仕事」には、綿密な計画と入念な思考の時間が必要です。（中略）「忙しいだけの仕事」は「本当の仕事」をしない口実に過ぎません。（6章）

仕事に〝向き合う〟というのは、仕事について考えることです。仕事の目的・意味を考える、構想を練る、目標を設定する、新しい企画を考える、計画を立案する、といったことが含まれます。（16章）

現代は「情報化の時代」と言われます。「情報化＝進化」というのが一般的な理解かもしれませんが、どんなものにも功罪はつきものでしょう。もしそうなら、情報化の「罪」とは何でしょうか？　私は、その最たるものが「人間を考えない存在にしていること」ではないかと思っています。情報化によってオフィスに入り込んできた機材は、オフィス・ワーカーからどんどん考えるチャンスを奪っている気がしてなりません。1日、パソコンに向かって働く中で「本当の仕事」についてしっかり考える時間はあるでしょうか。

（あくまで私の経験から申しあげますが）パソコンを介してする仕事の多くは「忙しいだけの仕事」です。

もちろん、パソコンを前にじっくり考えることもできますが、本書が指摘するように、パソコンがもたらす新たな情報に翻弄されがちになるのは大きな課題です。

〝衝動の脳〟にひきずられるままに、こうした状況への抵抗が忘れられてしまうと、オフィスは「忙しいだけの仕事」であふれることになり、腰を据えて「本当の仕事」をする場所ではなくなってしまいます。

本書を通じて、優れた仕事のシステムを手に入れるということは、プライベート・ジェットを手にするようなものではないでしょうか。

その結果として（冒頭の教材に言う「移動が楽になり、仕事の効率が上がる」という結果は当然のこととして）、ぜひ「一人の時間が持てるようになる」すなわち「考える」ことができる毎日を手に入れてください。そのためにこそ本書を最大限活用していただくのが、本書を紹介した訳者としての願いです。

「本当の仕事」にも「仕事に向き合う」にも「考える」ことが必須です。事業やあなた自身を「目指すところに近づける」のは、まずは「考える」ことだからです。

あなたが手にしたプライベート・ジェット、いや、仕事のシステムが「考える」ことの大切さへの気づきになることを心から願って、訳者あとがきとさせていただきます。

青木高夫

# 仕事に追われない仕事術 マニャーナの法則 完全版

発行日 2016年10月15日 第1刷
2016年11月20日 第2刷

Author | マーク・フォースター

Translator | 青木高夫

Book Designer | 西垂水敦・坂川朱音（krran）

Publication | 株式会社ディスカヴァー・トゥエンティワン
〒102-0093 東京都千代田区平河町2-16-1 平河町森タワー11F
TEL 03-3237-8321（代表）
FAX 03-3237-8323
http://www.d21.co.jp

Publisher | 干場弓子
Editor | 原典宏

Marketing Group Staff | 小田孝文 井筒浩 千葉潤子 飯田智樹 佐藤昌幸 谷口奈緒美 西川なつか 古矢薫 原大士 蛯原昇 安永智洋 鍋田匠伴 榊原僚 佐竹祐哉 廣内悠理 梅本翔太 奥田千晶 田中姫菜 橋本莉奈 川島理 渡辺基志 庄司知世 谷中卓

Assistant Staff | 俵敬子 町田加奈子 丸山香織 小林里美 井澤徳子 藤井多穂子 藤井かおり 葛目美枝子 伊藤香 常徳すみ 鈴木洋子 松下史 片桐麻季 板野千広 阿部純子 岩上幸子 山浦和 住田智佳子 竹内暁子 内山典子

Productive Group Staff | 藤田浩芳 千葉正幸 林秀樹 三谷祐一 石橋和佳 大山聡子 大竹朝子 堀部直人 井上慎平 林拓馬 塔下太朗 松石悠 木下智尋

E-Business Group Staff | 松原史与志 中澤泰宏 中村郁子 伊東佑真 牧野類 伊藤光太郎

Global & Public Relations Group Staff | 郭迪 田中亜紀 杉田彰子 倉田華 鄧佩妍 李瑋玲 イエン・サムハマ

Operations & Accounting Group Staff | 山中麻吏 吉澤道子 小関勝則 池田望 福永友紀

Proofreader | 文字工房燦光
DTP | 株式会社RUHIA

Printing | 中央精版印刷株式会社

ISBN978-4-7993-1980-2
©Discover 21,Inc., 2016, Printed in Japan.

・定価はカバーに表示してあります。本書の無断転載・複写は、著作権法上での例外を除き禁じられています。インターネット、モバイル等の電子メディアにおける無断転載ならびに第三者によるスキャンやデジタル化もこれに準じます。
・乱丁・落丁本はお取り替えいたしますので、小社「不良品交換係」まで着払いにてお送りください。